NICCOLÒ MACHIAVELLI

IL PRINCIPE

TESTO ORIGINALE SPIEGATO CAPITOLO PER CAPITOLO

Con introduzione e spiegazioni
a cura di Giovanni Bresci

Il Principe - spiegato capitolo per capitolo
di **Niccolò Machiavelli, Giovanni Bresci**

Titolo originale delle due opere:
De Principatibus,

Edizione italiana:
© 2021 by The Strategic Club

Autore originale: Niccolò Machiavelli
Introduzioni, Traduzioni, Annotazioni: Giovanni Bresci
Progetto grafico: The Strategic Club

Introduzione al Principe

«Della persona fu ben proporzionato, di mezzana statura, di corporatura magro, eretto nel portamento con piglio ardito. I capelli ebbe neri, la carnagione bianca ma pendente all'ulivigno; piccolo il capo, il volto ossuto, la fronte alta. Gli occhi vividissimi e la bocca sottile, serrata, parevano sempre un poco ghignare. Di lui più ritratti ci rimangono, di buona fattura, ma soltanto Leonardo, col quale ebbe pur che fare ai suoi prosperi giorni, avrebbe potuto ritradurre in pensiero, col disegno e i colori, quel fine ambiguo sorriso».

Questa è la descrizione fisica di Niccolò Machiavelli che ci ha lasciato Roberto Rodolfi, ma forse la presentazione più esplicativa di questa figura così importante della storia d'Italia è quella incisa sulla sua tomba nella basilica di Santa Croce, a Firenze: «*Tanto nomini nullum par elogium*», che, detto in Italiano, suona come "*nessun elogio sarà mai degno di un tale nome*".

Machiavelli nasce in una famiglia modesta, nella Firenze rinascimentale, il 3 maggio del 1469. A raccontarlo è lui stesso, in una lettera a Francesco Vettori del 18 marzo 1512: «*Nacqui povero, ed imparai prima a stentare che a godere*».

La vita adulta di Niccolò Machiavelli si può suddividere sostanzialmente in due macro fasi: nella prima parte della sua esistenza egli fu impegnato soprattutto negli affari pubblici (una carriera culminata con i quattordici anni passati nelle vesti di cancelliere della Repubblica Fiorentina); nella successiva - a partire dal 1512 - lo storico e filosofo toscano si dedicò alla scrittura di testi di portata teorica e speculativa, a causa del forzato allontanamento dalla politica attiva.

Quando nel 1527 i Medici furono cacciati da Firenze e venne instaurata nuovamente la repubblica, Machiavelli si propose come candidato alla carica di segretario della repubblica, ma venne respinto in quanto ritenuto colluso coi Medici e con il papa Clemente VII. Questa decisione fu un colpo al cuore per Machiavelli, che non ebbe il tempo di riprendersi. Si ammalò repentinamente e la sua salute continuò a peggiorare vistosamente fino alla morte, che sopraggiunse il 21 giugno 1527. Abbandonato da tutti, fu sepolto nel corso di una modesta cerimonia funebre nella tomba di famiglia presso la basilica di Santa Croce; ma nel 1787 la città di Firenze gli fece erigere un monumento nella basilica stessa, raffigurante la *Diplomazia* assisa su un sarcofago marmoreo. Sul fronte del sarcofago campeggia la frase di cui si scriveva poco più sopra.

Machiavelli è considerato da tutti un genio universale, al pari di Leonardo Da Vinci, ma è stato anche una figura controversa della storia nella Firenze dei Medici. È passato alla storia come fondatore della scienza politica moderna, i cui princìpi base sono racchiusi proprio nel *Principe*. Due dei tratti distintivi del pensiero machiavelliano che emergono all'interno del *Principe* sono **il concetto di ragion di stato** e **la concezione ciclica della storia**. Queste due idee, ad opinione di molti, descrivono in maniera compiuta sia l'uomo politico sia il letterato, ben più di quanto lo faccia il termine "machiavellico": questo aggettivo è ormai parte del vocabolario italiano e indica un'intelligenza acuta, sottile, ma tuttavia spregiudicata.

Machiavelli e il Rinascimento

Poche sono le persone che hanno lasciato un'impronta così imponente sulle cose da averci impresso sopra il proprio nome: Machiavelli è uno di questi. Con il termine "machiavellico" si indica spesso un utilizzo spregiudicato e disinvolto del potere: un buon principe deve essere astuto per evitare le trappole tese dagli avversari, capace di usare la forza quando si rivela necessario e, allo stesso tempo, deve essere un abile manovratore, negli interessi del governo e del proprio popolo. Questo approccio si affianca alla fatica personale che Machiavelli avvertiva nella sua attività politica quotidiana e di teorico, riprendendo quella tradizione politica presente già in Cicerone: «*un buon politico deve avere le giuste conoscenze, stringere mani, vestire in modo elegante, tessere amicizie clientelari per avere un'adeguata scorta di voti*». È molto probabile che Machiavelli rappresenti il più grande teorico della politica nella storia d'Italia. Per Machiavelli la politica è il campo nel quale l'uomo può dimostrare nel modo più evidente il proprio spirito di iniziativa, il proprio ardimento, la propria capacità di costruirsi un destino secondo il classico modello del *faber fortunae suae* per cui ogni uomo è il principale artefice della propria sorte. Egli risolve il conflitto tra regole morali e ragion di Stato delineando un approccio che impone talvolta di sacrificare i propri princìpi in nome del superiore interesse di un popolo. La politica, per Machiavelli, oltre a essere autonoma da teologia e morale, non può ammettere ideali, perché essa altro non è che un gioco di forze finalizzate al bene della collettività e dello stato. Svincolata così da dogmatismi e princìpi teorici, la politica per Machiavelli guarda solamente alla realtà più pura, ovvero ai "fatti": «*mi è parso più conveniente andare dietro alla verità effettuale della cosa piuttosto che alla immaginazione di essa*». Questa è ovviamente una visione antropocentrica che fa pesantemente riferimento all'Umanesimo quattrocentesco e, allo stesso tempo, esprime gli ideali del Rinascimento.

La concezione della storia

La Storia diventa quindi per il filosofo fiorentino il punto di riferimento verso il quale ogni politico deve sempre orientare la propria azione. La Storia fornisce gli unici dati oggettivi su cui basarsi, i modelli da imitare, e indica, allo stesso tempo, le strade da non ripercorrere. Date queste premesse, la concezione della storia di Machiavelli non può essere che ciclica e la sua citazione che riassume al meglio questo concetto è l'ormai celebre «*tutti li tempi tornano, li uomini sono sempre li medesimi*».

Quello che invece allontana Machiavelli da una visione deterministica della Storia è l'importanza che egli attribuisce alla virtù, che identifica nella capacità dell'uomo di dominare il corso degli eventi utilizzando opportunamente le esperienze degli errori compiuti nel passato, e servendosi allo stesso tempo di tutti i mezzi e di tutte le occasioni per le più alte finalità dello stato e mettendo in secondo piano, se necessario, anche le leggi morali. Non è quindi un caso che nella conclusione del *Principe* Machiavelli abbandoni il taglio cinico e pragmatico per esortare i sovrani italiani, con una scrittura più solenne e venata di un certo idealismo, a riconquistare la sovranità perduta e a cacciare l'invasore straniero: non può esserci rassegnazione nel Principe, né tanto meno sfiducia nei confronti dell'uomo, poiché la Storia è solo il prodotto dell'attività politica dell'uomo, espletata per finalità terrene esclusivamente pratiche. Lo stato, che è oggetto e soggetto di tutte queste attività, nell'ecosistema politico e nel pensiero contemporanei a Machiavelli coincidono con la persona del principe. Ne consegue che l'attività politica è riservata solo ai grandi protagonisti, ai pochi capaci di agire, e di certo non al "vulgo" incapace di decisione quanto di coraggio. L'obiettivo politico è sempre e solo edificare o conservare lo stato, ma questa creazione è vista nel libro come prettamente individuale e risulta strettamente legata alle qualità e alla sorte del suo fondatore: la fine del principe può determinare la fine del suo stato, proprio come è successo a Cesare Borgia, ad esempio.

Con Machiavelli, l'idea per cui la politica rappresenta una forma particolare autonoma di attività umana compie un salto di qualità non indifferente: studiare la politica rende possibile la comprensione delle leggi da cui è perennemente retta la Storia, e se queste leggi diventano comprensibili, allora diventano anche sfruttabili. Da questa idea di studio della politica come metodo che permette di dominare la Storia si deduce però un fondamento ancora più profondo del pensiero di Machiavelli, ovvero una forte concezione della vita come incentrata unicamente sulla volontà e sulla responsabilità del singolo uomo.

L'idea di Nazione

Alcuni personaggi del Novecento italiano hanno interpretato Machiavelli come un precursore del movimento unitario italiano. Questa interpretazione è stata però contestata da altri pensatori che hanno evidenziato come la parola "nazione" abbia assunto il significato attuale solo a partire dalla seconda metà del Settecento, quindi due secoli dopo che Machiavelli calpestò i suoli italici e europei. Per chi sostiene quest'ultima tesi, Machiavelli usò l'idea di nazione con sensi diversi e specifici, passando da un senso più cittadino (es. *la nazione fiorentina)* a un senso più generico (come sinonimo di *popolo* e *moltitudine)*, senza però fare riferimento all'idea moderna di nazione.

Va però qui evidenziato come tuttavia lo stesso Machiavelli auspicasse comunque un principato in grado di reggersi sull'unità etnica dell'Italia, evidenziando in questo modo una sua limpida coscienza dell'esistenza di una civiltà italiana. Machiavelli invocava la liberazione dell'Italia sotto il patrocinio di un principe, criticando il dominio temporale del papato, al quale imputava il peccato capitale di spezzare in due la penisola italiana. Nonostante tutto questo, è verosimile che l'unità d'Italia resti per Machiavelli un problema solo intuito. Non possiamo certo dubitare che egli percepisse una certa idea d'unità italiana, ma questa idea sembra restare comunque sempre un po' indeterminata, forse anche per la mancanza di appigli concreti nella realtà. L'idea di nazione italiana rimase quindi per Machiavelli una semplice utopia? Non ce la sentiamo di affermarlo: il suo pensiero è talmente intriso di pragmatismo che quest'orientamento all'azione potrebbe essere usato sia per rafforzare che per confutare questa tesi. Lasciamo quindi al lettore questo quesito, nella speranza che i testi originali e le spiegazioni fornite in questo volume lo aiutino a trarre le proprie conclusioni in maniera indipendente.

Giovanni Bresci

Il Principe

Dedica:
Niccolò Machiavelli
al Magnifico Lorenzo de' Medici

Sogliono, el più delle volte, coloro che desiderano acquistare grazia appresso uno Principe, farseli incontro con quelle cose che infra le loro abbino più care, o delle quali vegghino lui più delettarsi; donde si vede molte volte essere loro presentati cavalli, arme, drappi d'oro, prete preziose e simili ornamenti, degni della grandezza di quelli. Desiderando io adunque, offerirmi, alla vostra Magnificenzia con qualche testimone della servitù mia verso di quella, non ho trovato intra la mia suppellettile cosa, quale io abbia più cara o tanto esístimi quanto la cognizione delle azioni delli uomini grandi, imparata con una lunga esperienzia delle cose moderne et una continua lezione delle antique: le quali avendo io con gran diligenzia lungamente escogitate et esaminate, et ora in uno piccolo volume ridotte, mando alla Magnificenzia Vostra. E benché io iudichi questa opera indegna della presenzia di quella, tamen confido assai che per sua umanità li debba essere accetta, considerato come da me non li possa esser fatto maggiore dono, che darle facultà di potere in brevissimo tempo intendere tutto quello che io in tanti anni e con tanti mia disagi e periculi ho conosciuto. La quale opera io non ho ornata né ripiena di clausule ample, o di parole ampullose e magnifiche, o di qualunque altro lenocinio o ornamento estrinseco con li quali molti sogliono le loro cose descrivere et ornare; perché io ho voluto, o che veruna cosa la onori, o che solamente la varietà della materia e la gravità del subietto la facci grata. Né voglio sia reputata presunzione se uno uomo di basso et infimo stato ardisce discorrere e regolare e' governi de' principi; perché, cosí come coloro che disegnono e' paesi si pongano bassi nel piano a considerare la natura de' monti e de' luoghi alti, e per considerare quella de' bassi si pongano alto sopra monti, similmente, a conoscere bene la natura de' populi, bisogna essere principe, et a conoscere bene quella de' principi, bisogna essere populare.

Pigli, adunque, Vostra Magnificenzia questo piccolo dono con quello animo che io lo mando; il quale se da quella fia diligentemente considerato e letto, vi conoscerà drento uno estremo mio desiderio, che Lei pervenga a quella grandezza che la fortuna e le altre sue qualità li promettano. E, se Vostra Magnificenzia dallo apice della sua altezza qualche volta volgerà li occhi in questi luoghi bassi, conoscerà quanto io indegnamente sopporti una grande e continua malignità di fortuna.

Spiegazione della dedica

Per guadagnarsi le grazie di un principe, la maggior parte delle volte le persone tendono a fargli doni ricchi e preziosi. Allo stesso modo, l'autore, non possedendo niente di più caro e importante della sua brillante mente politica, si accinge a fare dono a Lorenzo di Piero de' Medici di una sua breve opera, nelle cui pagine è raccolto tutto ciò che Machiavelli ha imparato negli anni attraverso lo studio attento e prolungato sia delle vicende antiche sia di quelle a lui contemporanee.

Lorenzo di Piero de' Medici (Firenze, 12 settembre 1492 – Firenze, 4 maggio 1519), è l'unico figlio maschio non morto infante di Piero "il Fatuo" de' Medici e di Alfonsina Orsini. È stato signore di Firenze, nonché il primo ed unico duca di Urbino della dinastia Medici. Michelangelo Buonarroti ne idealizzò la figura nel "*Pensieroso*" delle tombe medicee e a lui Niccolò Machiavelli dedicò il *De Principatibus*, che diventerà poi famoso come *Il Principe*, che ora tieni fra le mani. Questo suo regalo non deve però essere frainteso come un atto di presunzione: un uomo di basso stato come l'autore, infatti, ardisce esaminare la condotta dei principi perché sostiene che, come solo un principe può avere l'estraneità e la distanza necessarie per comprendere il popolo, così solo un membro del popolo ha la giusta distanza da un principe per esaminarne al meglio le caratteristiche.

Dettaglio del Ritratto di Lorenzo de' Medici duca di Urbino, detto il Pensieroso, una scultura in marmo (175x80 cm) di Michelangelo Buonarroti, databile al 1531-1534 circa e facente parte della decorazione della Sagrestia Nuova in San Lorenzo a Firenze.

Capitolo I
Di quanti generi sono i principati e in quanti modi si acquistano

Tutti li stati, tutti e' dominii che hanno avuto et hanno imperio sopra li uomini, sono stati e sono o repubbliche o principati. E' principati sono o ereditari, de' quali el sangue del loro signore ne sia suto lungo tempo principe, o e' sono nuovi. E' nuovi, o sono nuovi tutti, come fu Milano a Francesco Sforza, o sono come membri aggiunti allo stato ereditario del principe che li acquista, come è el regno di Napoli al re di Spagna. Sono questi dominii cosí acquistati, o consueti a vivere sotto uno principe, o usi ad essere liberi; et acquistonsi, o con le armi d'altri o con le proprie, o per fortuna o per virtù.

Spiegazione del Capitolo I

Esistono due tipi di stati: le Repubbliche e i Principati. I Principati possono essere *ereditari* (un principe li eredita da un famigliare che li ha gestiti fino a quel momento) oppure *nuovi*. Questi ultimi, a loro volta, possono essere del tutto nuovi (come quando, grazie a una conquista o a un colpo di Stato, una nuova famiglia sostituisce quella prima reggente) oppure come membri aggiunti allo Stato ereditario del Principe – come successe, dopo la morte di Federico I, al Regno di Napoli, che divenne infatti parte dei territori sottomessi alla corona di Spagna. Gli stati acquisiti normalmente o vivono sotto la guida diretta di un Principe, oppure vivono liberi. In generale essi si acquisiscono o con il proprio esercito o con quello di qualcun altro, oppure per qualche combinazione accidentale di eventi o ancora per qualche merito specifico.

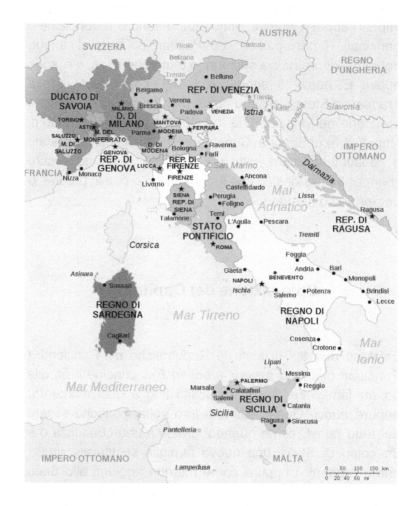

Una cartina dell'Italia contemporanea al Machiavelli, in questo caso specifico i confini rappresentati sono quelli del 1494.

Capitolo II
I principati ereditari

Io lascerò indrieto el ragionare delle repubbliche, perché altra volta ne ragionai a lungo. Volterommi solo al principato, et andrò tessendo li orditi soprascritti, e disputerò come questi principati si possino governare e mantenere.

Dico, adunque, che nelli stati ereditarii et assuefatti al sangue del loro principe sono assai minori difficultà a mantenerli che ne' nuovi; perché basta solo non preterire l'ordine de' sua antinati, e di poi temporeggiare con li accidenti; in modo che, se tale principe è di ordinaria industria, sempre si manterrà nel suo stato, se non è una estraordinaria et eccessiva forza che ne lo privi, e privato che ne fia, quantunque di sinistro abbi l'occupatore, lo riacquista.

Noi abbiamo in Italia, in exemplis, el duca di Ferrara, il quale non ha retto alli assalti de' Viniziani nello 84, né a quelli di papa Iulio nel 10, per altre cagioni che per essere antiquato in quello dominio. Perché el principe naturale ha minori cagioni e minore necessità di offendere: donde conviene che sia più amato; e se estraordinarii vizii non lo fanno odiare, è ragionevole che naturalmente sia benevoluto da' sua. E nella antiquità e continuazione del dominio sono spente le memorie e le cagioni delle innovazioni: perché sempre una mutazione lascia lo addentellato per la edificazione dell'altra.

Spiegazione del Capitolo II

L'autore lascia da parte la Repubblica, che ha ampiamente trattato in un'altra sua opera, ovvero i *Discorsi sopra la prima Deca di Tito Livio*, e decide di iniziare ad occuparsi degli Stati ereditari. Negli *Stati ereditari*, in cui la stessa stirpe governa già da tempo, le difficoltà derivate dal loro mantenimento sono assai minori rispetto a quelle che si riscontrano negli *Stati nuovi*. In questi stati, infatti, è sufficiente seguire la linea politica dei predecessori e governare sapendosi adattare alle varie circostanze che si presentano. Un Principe dotato di sufficiente prudenza sarà in grado di mantenere intatto il suo potere, a meno che non venga travolto da una forza troppo potente. Tuttavia, anche qualora sia privato del suo governo, egli lo riacquisterà non appena una disgrazia qualsiasi si abbatterà sul nuovo occupatore. L'autore prende come esempio il Duca di Ferrara, spodestato non per cattiva condotta, ma poiché non riuscì a resistere agli attacchi prima dei Veneziani nel 1484 e poi di papa Giulio II nel Luglio 1510. Il Principe ereditario ha minori necessità e motivi per commettere atti che provochino il risentimento del popolo e perciò è più amato e benvoluto, a meno che abbia vizi particolari ed eccessivi. Negli Stati ereditari, inoltre, bisogna lasciare meno spazio agli sconvolgimenti, poiché i mutamenti, in questo caso politico-istituzionali, aprono la via ad altri successivi cambiamenti, indebolendo così la stabilità dello Stato.

Capitolo III
I principati misti

Ma nel principato nuovo consistono le difficultà. E prima, se non è tutto nuovo, ma come membro, che si può chiamare tutto insieme quasi misto, le variazioni sua nascono in prima da una naturale difficultà, la quale è in tutti e' principati nuovi: le quali sono che li uomini mutano volentieri signore, credendo migliorare; e questa credenza gli fa pigliare l'arme contro a quello; di che s'ingannono, perché veggono poi per esperienzia avere peggiorato. Il che depende da un'altra necessità naturale et ordinaria, quale fa che sempre bisogni offendere quelli di chi si diventa nuovo principe, e con gente d'arme, e con infinite altre iniurie che si tira dietro el nuovo acquisto; in modo che tu hai inimici tutti quelli che hai offesi in occupare quello principato, e non ti puoi mantenere amici quelli che vi ti hanno messo, per non li potere satisfare in quel modo che si erano presupposto e per non potere tu usare contro di loro medicine forti, sendo loro obligato; perché sempre, ancora che uno sia fortissimo in sulli eserciti, ha bisogno del favore de' provinciali a intrare in una provincia. Per queste ragioni Luigi XII re di Francia occupò subito Milano, e subito lo perdé; e bastò a torgnene la prima volta le forze proprie di Lodovico; perché quelli populi che li aveano aperte le porte, trovandosi ingannati della opinione loro e di quello futuro bene che si avevano presupposto, non potevono sopportare e' fastidii del nuovo principe.
È ben vero che, acquistandosi poi la seconda volta e' paesi rebellati, si perdono con più difficultà; perché el signore, presa occasione dalla rebellione, è meno respettivo ad assicurarsi con punire e' delinquenti, chiarire

e' sospetti, provvedersi nelle parti più deboli. In modo che, se a fare perdere Milano a Francia bastò, la prima volta, uno duca Lodovico che romoreggiassi in su' confini, a farlo di poi perdere la seconda li bisognò avere, contro, el mondo tutto, e che li eserciti sua fussino spenti o fugati di Italia: il che nacque dalle cagioni sopradette. Non di manco, e la prima e la seconda volta, li fu tolto. Le cagioni universali della prima si sono discorse: resta ora a dire quelle della seconda, e vedere che remedii lui ci aveva, e quali ci può avere uno che fussi ne' termini sua, per potersi mantenere meglio nello acquisto che non fece Francia. Dico, per tanto che questi stati, quali acquistandosi si aggiungono a uno stato antiquo di quello che acquista, o sono della medesima provincia e della medesima lingua, o non sono. Quando e' sieno, è facilità grande a tenerli, massime quando non sieno usi a vivere liberi; et a possederli securamente basta avere spenta la linea del principe che li dominava, perché nelle altre cose, mantenendosi loro le condizioni vecchie e non vi essendo disformità di costumi, li uomini si vivono quietamente; come s'è visto che ha fatto la Borgogna, la Brettagna, la Guascogna e la Normandia, che tanto tempo sono state con Francia; e benché vi sia qualche disformità di lingua, non di manco e' costumi sono simili, e possonsi fra loro facilmente comportare. E chi le acquista, volendole tenere, debbe avere dua respetti: l'uno, che il sangue del loro principe antiquo si spenga; l'altro, di non alterare né loro legge né loro dazii; talmente che in brevissimo tempo diventa, con loro principato antiquo, tutto uno corpo.

Ma, quando si acquista stati in una provincia disforme di lingua, di costumi e di ordini, qui sono le difficultà; e qui bisogna avere gran fortuna e grande industria a tenerli; et uno de' maggiori remedii e più vivi sarebbe che la persona di chi acquista vi andassi ad abitare. Questo farebbe più secura e più durabile quella possessione: come ha fatto el Turco, di Grecia; il quale, con tutti li altri ordini osservati da lui per tenere quello stato, se non vi fussi ito ad abitare, non era possibile che lo tenessi. Perché, standovi, si veggono nascere e' disordini, e presto vi puoi rimediare; non vi stando, s'intendono quando sono grandi e non vi è più remedio. Non è, oltre a questo, la provincia spogliata da' tua officiali; satisfannosi e' sudditi del ricorso propinquo al principe; donde hanno più cagione di amarlo, volendo esser buoni, e, volendo essere altrimenti, di temerlo. Chi delli esterni volessi assaltare quello stato, vi ha più respetto; tanto che, abitandovi, lo può con grandissima difficultà perdere.

L'altro migliore remedio è mandare colonie in uno o in duo luoghi che sieno quasi compedi di quello stato; perché è necessario o fare questo o tenervi assai gente d'arme e fanti. Nelle colonie non si spende molto; e sanza sua spesa, o poca, ve le manda e tiene; e solamente offende coloro a chi toglie e' campi e le case, per darle a' nuovi abitatori, che sono una minima parte di quello stato; e quelli ch'elli offende, rimanendo dispersi e poveri, non li possono mai nuocere; e tutti li altri rimangono da uno canto inoffesi, e per questo doverrebbono quietarsi, dall'altro paurosi di non errare, per timore che non intervenissi a loro come a quelli che sono stati spogliati. Concludo che queste colonie non costono, sono più fedeli, etoffendono meno; e li offesi non possono nuocere sendo poveri e dispersi, come è detto. Per il che si ha a notare che li uomini si debbono o vezzeggiare o spegnere; perché si vendicano delle leggieri offese, delle gravi non possono: sí che l'offesa che si fa all'uomo debbe essere in modo che la non tema la vendetta. Ma tenendovi, in cambio di colonie, gente d'arme si spende più assai, avendo a consumare nella guardia tutte le intrate di quello stato; in modo che lo acquisto li torna perdita, et offende molto più, perché nuoce a tutto quello stato, tramutando con li alloggiamenti el suo esercito; del quale disagio ognuno ne sente, e ciascuno li diventa inimico; e sono inimici che li possono nuocere rimanendo battuti in casa loro. Da ogni parte dunque questa guardia è inutile, come quella delle colonie è utile.

Debbe ancora chi è in una provincia disforme come è detto, farsi capo e defensore de' vicini minori potenti, et ingegnarsi di indebolire e' potenti di quella, e guardarsi che per accidente alcuno non vi entri uno forestiere potente quanto lui. E sempre interverrà che vi sarà messo da coloro che saranno in quella malcontenti o per troppa ambizione o per paura: come si vidde già che li Etoli missono e' Romani in Grecia; et in ogni altra provincia che li entrorono, vi furono messi da' provinciali. E l'ordine delle cose è, che subito che uno forestiere potente entra in una provincia, tutti quelli che sono in essa meno potenti li aderiscano, mossi da invidia hanno contro a chi è suto potente sopra di loro; tanto che, respetto a questi minori potenti, lui non ha a durare fatica alcuna a guadagnarli, perché subito tutti insieme fanno uno globo col suo stato che lui vi ha acquistato. Ha solamente a pensare che non piglino troppe forze e troppa autorità; e facilmente può, con le forze sua e col favore loro sbassare quelli che sono potenti, per rimanere in tutto arbitro di quella provincia. E chi non governerà bene questa parte, perderà presto quello che arà acquistato; e, mentre che lo terrà, vi arà dentro infinite difficultà e fastidii.

E' Romani, nelle provincie che pigliorono, osservorono bene queste parti; e mandorono le colonie, intratennono e' men potenti sanza crescere loro potenzia, abbassorono e' potenti, e non vi lasciorono prendere reputazione a' potenti forestieri. E voglio mi basti solo la provincia di Grecia per esemplo. Furono intrattenuti da loro li Achei e li Etoli; fu abbassato el regno de' Macedoni; funne cacciato Antioco; né mai e' meriti delli Achei o delli Etoli feciono che permettessino loro accrescere alcuno stato; né le persuasioni di Filippo l'indussono mai ad esserli amici sanza sbassarlo; né la potenzia di Antioco possé fare li consentissino che tenessi in quella provincia alcuno stato. Perché e' Romani feciono, in questi casi, quello che tutti e' principi savi debbono fare: li quali, non solamente hanno ad avere riguardo alli scandoli presenti, ma a' futuri, et a quelli con ogni industria ovviare; perché, prevedendosi discosto, facilmente vi si può rimediare; ma, aspettando che ti si appressino, la medicina non è a tempo, perché la malattia è diventata incurabile. Et interviene di questa come dicono e' fisici dello etico, che nel principio del suo male è facile a curare e difficile a conoscere, ma, nel progresso del tempo, non l'avendo in principio conosciuta né medicata, diventa facile a conoscere e difficile a curare. Cosí interviene nelle cose di stato; perché, conoscendo discosto, il che non è dato se non a uno prudente, e' mali che nascono in quello, si guariscono presto; ma quando, per non li avere conosciuti si lasciono crescere in modo che ognuno li conosce, non vi è più remedio.

Però e' Romani, vedendo discosto l'inconvenienti, vi rimediorono sempre; e non li lasciorono mai seguire per fuggire una guerra, perché sapevano che la guerra non si lieva, ma si differisce a vantaggio d'altri; però vollono fare con Filippo et Antioco guerra in Grecia per non la avere a fare con loro in Italia; e potevano per allora fuggire l'una e l'altra; il che non vollono. Né piacque mai loro quello che tutto dí è in bocca de' savî de' nostri tempi, di godere el benefizio del tempo, ma sí bene quello della virtù e prudenza loro; perché el tempo si caccia innanzi ogni cosa, e può condurre seco bene come male, e male come bene.

Ma torniamo a Francia, et esaminiamo se delle cose dette ne ha fatta alcuna; e parlerò di Luigi, e non di Carlo come di colui che, per avere tenuta più lunga possessione in Italia, si sono meglio visti e' sua progressi: e vedrete come elli ha fatto el contrario di quelle cose che si debbono fare per tenere uno stato disforme.

El re Luigi fu messo in Italia dalla ambizione de' Viniziani, che volsono guadagnarsi mezzo lo stato di Lombardia per quella venuta. Io non voglio biasimare questo partito preso dal re; perché, volendo cominciare a mettere uno piè in Italia, e non avendo in questa provincia amici, anzi sendoli, per li portamenti del re Carlo, serrate tutte le porte, fu forzato prendere quelle amicizie che poteva: e sarebbeli riuscito el partito ben preso, quando nelli altri maneggi non avessi fatto errore alcuno. Acquistata, adunque, el re la Lombardia, si riguadagnò subito quella reputazione che li aveva tolta Carlo: Genova cedé; Fiorentini li diventorono amici; Marchese di Mantova, Duca di Ferrara, Bentivogli, Madonna di Furlí, Signore di Faenza, di Pesaro, di Rimino, di Camerino, di Piombino, Lucchesi, Pisani, Sanesi, ognuno se li fece incontro per essere suo amico. Et allora posserno considerare Viniziani la temerità del partito preso da loro; li quali, per acquistare dua terre in Lombardia, feciono signore, el re, di dua terzi di Italia.

Consideri ora uno con quanta poca difficultà posseva il re tenere in Italia la sua reputazione, se elli avessi osservate le regole soprascritte, e tenuti securi e difesi tutti quelli sua amici, li quali, per essere gran numero e deboli e paurosi, chi della Chiesia, chi de' Viniziani, erano sempre necessitati a stare seco; e per il mezzo loro poteva facilmente assicurarsi di chi ci restava grande. Ma lui non prima fu in Milano, che fece il contrario, dando aiuto a papa Alessandro, perché elli occupassi la Romagna. Né si accorse, con questa deliberazione, che faceva sé debole, togliendosi li amici e quelli che se li erano gittati in grembo, e la Chiesa grande, aggiugnendo allo spirituale, che gli dà tanta autorità, tanto temporale. E, fatto uno primo errore, fu costretto a seguitare; in tanto che, per porre fine alla ambizione di Alessandro e perché non divenissi signore di Toscana, fu forzato venire in Italia. Non li bastò avere fatto grande la Chiesia e toltisi li amici, che, per volere il regno di Napoli, lo divise con il re di Spagna; e, dove lui era prima arbitro d'Italia e' vi misse uno compagno, a ciò che li ambiziosi di quella provincia e mal contenti di lui avessino dove ricorrere; e, dove posseva lasciare in quello regno uno re suo pensionario, e' ne lo trasse, per mettervi uno che potessi cacciarne lui.

È cosa veramente molto naturale et ordinaria desiderare di acquistare; e sempre, quando li uomini lo fanno che possano, saranno laudati, o non biasimati; ma, quando non possono, e vogliono farlo in ogni modo, qui è l'errore et il biasimo. Se Francia, adunque posseva con le forze sua assaltare Napoli, doveva farlo; se non poteva, non doveva dividerlo. E se la divisione fece, co' Viniziani, di Lombardia meritò scusa, per avere con quella messo el piè in Italia, questa merita biasimo, per non essere escusata da quella necessità.

Aveva, dunque, Luigi fatto questi cinque errori: spenti e' minori potenti; accresciuto in Italia potenzia a uno potente, messo in quella uno forestiere potentissimo, non venuto ad abitarvi, non vi messo colonie. E' quali errori ancora, vivendo lui, possevano non lo offendere, se non avessi fatto el sesto, di tòrre lo stato a' Viniziani: perché, quando non avessi fatto grande la Chiesia né messo in Italia Spagna, era ben ragionevole e necessario abbassarli; ma avendo preso quelli primi partiti, non doveva mai consentire alla ruina loro: perché, sendo quelli potenti, arebbono sempre tenuti li altri discosto dalla impresa di Lombardia, sí perché Viniziani non vi arebbono consentito sanza diventarne signori loro, sí perché li altri non arebbono voluto torla a Francia per darla a loro, et andare a urtarli tutti e dua non arebbono avuto animo. E se alcuno dicesse: el re Luigi cedé ad Alessandro la Romagna et a Spagna el Regno per fuggire una guerra; respondo, con le ragioni dette di sopra, che non si debbe mai lasciare seguire uno disordine per fuggire una guerra, perché la non si fugge, ma si differisce a tuo disavvantaggio. E se alcuni altri allegassino la fede che il re aveva data al papa, di fare per lui quella impresa, per la resoluzione del suo matrimonio e il cappello di Roano, respondo con quello che per me di sotto si dirà circa la fede de' principi e come la si debbe osservare. Ha perduto, adunque, el re Luigi la Lombardia per non avere osservato alcuno di quelli termini osservati da altri che hanno preso provincie e volutole tenere. Né è miraculo alcuno questo, ma molto ordinario e ragionevole. E di questa materia parlai a Nantes con Roano, quando il Valentino, che cosí era chiamato popularmente Cesare Borgia, figliuolo di papa Alessandro, occupava la Romagna; perché, dicendomi el cardinale di Roano che li Italiani non si intendevano della guerra, io li risposi che e' Franzesi non si intendevano dello stato; perché, se se n'intendessino, non lascerebbono venire la Chiesia in tanta grandezza. E per esperienzia s'è visto che la grandezza, in Italia, di quella e di Spagna è stata causata da Francia, e la ruina sua causata da loro. Di che si cava una regola generale, la quale mai o raro falla: che chi è cagione che uno diventi potente, ruina; perché quella potenzia è causata da colui o con industria o con forza; e l'una e l'altra di queste dua è sospetta a chi è diventato potente.

Spiegazione del Capitolo III

Le difficoltà si presentano in misura maggiore nel nuovo Principato, e anche se esso non è del tutto nuovo, ma ad esempio è stato annesso allo stato del principe ereditario che lo acquisisce (considerabile quindi misto, a metà strada fra le due opzioni), si palesa subito una prima naturale difficoltà che vale per tutti i nuovi Principati: il popolo crede di migliorare la propria condizione cambiando signore, ma ogni principe nuovo tende a deludere le aspettative dei suoi sudditi che quindi si ritrovano inevitabilmente a desiderare nuovi cambiamenti. Questo succede a causa dell'utilizzo fatto dal nuovo Principe dell'esercito o di altre forze sul popolo di cui aspira a essere Principe. Egli si trova in questa condizione: si è fatto nemici tutti quelli che ha colpito per acquisire il nuovo principato, non riesce a mantenersi amici coloro che lo hanno aiutato poiché non può soddisfare ogni loro aspettativa, e non può nemmeno usare contro di loro rimedi violenti, perché altrimenti perderebbe il loro appoggio.

Questo succede soprattutto perché il favore degli abitanti di una provincia è sempre indispensabile per conquistarla nel lungo periodo. Un esempio *ex negativo* può essere la vicenda di Luigi XII di Francia, che occupò Milano. Il re francese infatti, reclamava dei diritti sul ducato di Milano in quanto discendente di Valentina Visconti, figlia di Gian Galeazzo e sposa di Luigi d'Orléans. Dopo essersi alleato con i Veneziani, mandò in Italia un esercito sotto la guida di Gian Galeazzo Trivulzio, il quale riuscì ad occupare Milano nel settembre del 1499. I milanesi, estenuati dalle numerose vessazioni degli occupanti, si rivoltarono quindi contro Trivulzio e i francesi.

Perdere i paesi ribellati dopo averli conquistati una seconda volta risulta invece più difficile, perché il principe è normalmente più attento, questa volta, ai bisogni del popolo.

Gli stati che sono membri acquisiti da un altro stato possono o appartenere alla stessa area geografica dello stato che li ha acquisiti, simile per usi e costumi, oppure avere tradizioni e usanze completamente diverse. Nel primo caso è più semplice mantenere il territorio acquisito, soprattutto quando il popolo è già abituato a vivere sotto un signore: bisogna solo assicurarsi di estinguere la stirpe precedente ed evitare di stravolgere le leggi e le tasse. Nel secondo caso, invece, la situazione è più problematica. Prima di tutto sarebbe opportuno che il principe che acquisisce un nuovo stato vi si trasferisse, come fece Maometto II in Grecia. Abitandoci, infatti, sarebbe in grado di scorgere disordini sul nascere, mettendosi al contempo nella condizione di stroncarli quando sono ancora di piccole dimensioni. Inoltre i sudditi possono trarre vantaggio dalla possibilità di appellarsi più facilmente al principe che si trova sul posto e non in una capitale lontana. È importante anche costituire alcune colonie, più fedeli, meno rivoltose e quindi molto meno dispendiose.

Gli uomini vanno trattati con dolcezza oppure annientati. Quando però il principe intende occupare militarmente il nuovo stato, le spese lievitano troppo e trasformano l'acquisizione di un nuovo stato in un disastro economico, che porta con sé anche diverse inimicizie.

Il principe deve inoltre farsi difensore dei vicini più deboli della provincia e contemporaneamente cercare di indebolire le personalità più forti, stando attento che per nessun motivo faccia ingresso nel nuovo territorio qualcuno potente tanto quanto egli stesso. La vicenda dell'Etolia ne è un esempio: i cittadini di questa provincia greca permisero ai Romani di entrare e questi ultimi si conquistarono immediatamente il favore dei meno potenti, a causa dell'invidia che essi avevano sviluppato nei confronti di chi era più potente di loro. Chiunque non sia in grado di gestire al meglio queste situazioni finirà per perdere i territori conquistati oppure, qualora ancora presente sul territorio, dovrà affrontare molte difficoltà e diverse problematiche. Per continuare l'esempio precedente, il re Luigi di Francia, non osservando questi principi, si trovò a perdere il ducato milanese. Luigi sbagliò in primis dando aiuto al papa Alessandro: questo gli fece perdere numerosi alleati, lo costrinse a venire in Italia per frenare le ambizioni del pontefice, e lo obbligò a dividersi il Regno di Napoli con il re di Spagna.

Si può dire quindi - in generale - che egli fece cinque errori: annientò i potenti minori (anziché farli suoi alleati), fortificò la potenza del Papa (che di per sé era già una figura potente e che quindi andava smorzata), portò in Italia una figura estera molto potente, non si trasferì in Italia, e non vi fece stabilire vere e proprie colonie francesi. Si può a questo punto ricavare una regola generale: chi dà motivo o mezzi a qualcuno per diventare potente, sta solamente preparando la sua rovina.

Capitolo IV
Perché il regno di Dario, che fu occupato da Alessandro, non si ribellò ai successori di Alessandro dopo che questi morì

Considerate le difficultà le quali si hanno a tenere uno stato di nuovo acquistato, potrebbe alcuno maravigliarsi donde nacque che Alessandro Magno diventò signore della Asia in pochi anni, e, non l'avendo appena occupata, morí; donde pareva ragionevole che tutto quello stato si rebellassi; non di meno e' successori di Alessandro se lo mantennono, e non ebbono a tenerlo altra difficultà che quella che infra loro medesimi, per ambizione propria, nacque. Respondo come e' principati de' quali si ha memoria, si truovano governati in dua modi diversi: o per uno principe, e tutti li altri servi, e' quali come ministri per grazia e concessione sua, aiutono governare quello regno; o per uno principe e per baroni, li quali, non per grazia del signore, ma per antiquità di sangue tengano quel grado. Questi tali baroni hanno stati e sudditi proprii, li quali ricognoscono per signori et hanno in loro naturale affezione. Quelli stati che si governono per uno principe e per servi hanno el loro principe con più autorità; perché in tutta la sua provincia non è alcuno che riconosca per superiore se non lui; e se obediscano alcuno altro, lo fanno come ministro et offiziale, e non li portano particulare amore.

Li esempli di queste dua diversità di governi sono, ne' nostri tempi, el Turco et il re di Francia. Tutta la monarchia del Turco è governata da uno signore, li altri sono sua servi; e, distinguendo el suo regno in Sangiachi, vi manda diversi amministratori, e li muta e varia come pare a lui. Ma el re di Francia è posto in mezzo d'una moltitudine antiquata di signori, in quello stato riconosciuti da' loro sudditi et amati da quelli: hanno le loro preeminenzie: non le può il re tòrre loro sanza suo periculo. Chi considera adunque l'uno e l'altro di questi stati, troverrà difficultà nello acquistare lo stato del Turco, ma, vinto che sia, facilità grande a tenerlo. Le cagioni della difficultà in potere occupare el regno del Turco sono per non potere essere chiamato da' principi di quello regno, né sperare, con la rebellione di quelli ch'egli ha d'intorno, potere facilitare la sua impresa: il che nasce dalle ragioni sopradette. Perché sendoli tutti stiavi et obbligati, si possono con più difficultà corrompere; e, quando bene si corrompessino, se ne può sperare poco utile, non possendo quelli tirarsi drieto e' populi per le ragioni assignate. Onde, chi assalta il Turco, è necessario pensare di averlo a trovare unito; e li conviene sperare più nelle forze proprie che ne' disordini d'altri. Ma, vinto che fussi e rotto alla campagna in modo che non possa rifare eserciti, non si ha a dubitare d'altro che del sangue del principe; il quale spento, non resta alcuno di chi si abbia a temere, non avendo li altri credito con li populi: e come el vincitore, avanti la vittoria, non poteva sperare in loro, cosí non debbe, dopo quella, temere di loro.

El contrario interviene ne' regni governati come quello di Francia, perché con facilità tu puoi intrarvi, guadagnandoti alcuno barone del regno; perché sempre si truova de' malcontenti e di quelli che desiderano innovare. Costoro, per le ragioni dette, ti possono aprire la via a quello stato e facilitarti la vittoria; la quale di poi, a volerti mantenere, si tira drieto infinite difficultà, e con quelli che ti hanno aiutato e con quelli che tu hai oppressi. Né ti basta spegnere el sangue del principe; perché vi rimangono quelli signori che si fanno capi delle nuove alterazioni; e, non li potendo né contentare né spegnere, perdi quello stato qualunque volta venga la occasione.

Ora, se voi considerrete di qual natura di governi era quello di Dario, lo troverrete simile al regno del Turco; e però ad Alessandro fu necessario prima urtarlo tutto e tòrli la campagna: dopo la quale vittoria, sendo Dario morto, rimase ad Alessandro quello stato sicuro, per le ragioni di sopra discorse. E li sua successori, se fussino suti uniti, se lo potevano godere oziosi; né in quello regno nacquono altri tumulti, che quelli che loro proprii suscitorono. Ma li stati ordinati come quello di Francia è impossibile possederli con tanta quiete. Di qui nacquono le spesse rebellioni di Spagna, di Francia e di Grecia da' Romani, per li spessi principati che erano in quelli stati: de' quali mentre durò la memoria, sempre ne furono e' Romani incerti di quella possessione; ma, spenta la memoria di quelli, con la potenzia e diuturnità dello imperio ne diventorono securi possessori. E posserno anche quelli, combattendo di poi infra loro, ciascuno tirarsi drieto parte di quelle provincie, secondo l'autorità vi aveva presa drento; e quelle, per essere el sangue del loro antiquo signore spento, non riconoscevano se non e' Romani. Considerato adunque tutte queste cose, non si maraviglierà alcuno della facilità ebbe Alessandro a tenere lo stato di Asia e delle difficultà che hanno avuto li altri a conservare lo acquistato, come Pirro e molti. Il che non è nato dalla molta o poca virtù del vincitore, ma dalla disformità del subietto.

Spiegazione del Capitolo IV

Viste quindi quali sono le difficoltà che si incontrano nel mantenere un nuovo stato, arrivati questo punto potrebbe apparire strano che alla morte di Alessandro Magno (che aveva conquistato l'Asia da poco) i territori recentemente annessi al suo impero non si ribellarono. Va detto qui che i principati possono essere governati in due modi: o attraverso un sistema principe-servitori, con ministri e funzionari incaricati a cascata per grazia e concessione del principe, oppure attraverso un sistema principe-feudatari, nel quale i signori feudali possiedono il rango di signore per discendenza. Nel primo caso, il principe rappresenta l'unica e sola autorità. Alcuni esempi concreti di questi due modi di governare sono l'impero Ottomano, dove l'imperatore rappresenta l'unica autorità, e la Francia, dove invece il re è attorniato da una moltitudine di signori feudali.

Conquistare gli stati dove il principe ha tutta l'autorità e la potenza nelle sue mani rappresenta solitamente un'impresa più ardua, poiché è molto difficile corrompere i suoi sudditi. Tuttavia, una volta vinti questi, è anche più facile mantenerli, se si estingue la stirpe del principe sconfitto.

Intervenire d'altro canto nei principati governati con un sistema come quello francese risulta inizialmente più facile, dal momento si possono spesso creare agitazioni interne, ma risulta anche molto più difficile mantenere il dominio. Il regno di Dario si trovava in una condizione simile a quella ottomana e quindi, una volta che

Alessandro lo sconfisse in battaglia, mantenere i nuovi territori risultò relativamente semplice.

Capitolo V
In che modo si devono governare le città o i principati che, prima di essere occupati, vivevano con leggi proprie

Quando quelli stati che s'acquistano, come è detto, sono consueti a vivere con le loro legge et in libertà, a volerli tenere, ci sono tre modi: el primo, ruinarle; l'altro, andarvi ad abitare personalmente; el terzo, lasciarle vivere con le sua legge, traendone una pensione e creandovi drento uno stato di pochi che te le conservino amiche. Perché, sendo quello stato creato da quello principe, sa che non può stare sanza l'amicizia e potenzia sua, et ha a fare tutto per mantenerlo. E più facilmente si tiene una città usa a vivere libera con il mezzo de' sua cittadini, che in alcuno altro modo, volendola preservare.

In exemplis ci sono li Spartani e li Romani. Li Spartani tennono Atene e Tebe creandovi uno stato di pochi; tamen le riperderono. Romani, per tenere Capua Cartagine e Numanzia, le disfeciono, e non le perderono. Vollono tenere la Grecia quasi come tennono li Spartani, faccendola libera e lasciandoli le sua legge; e non successe loro: in modo che furono costretti disfare molte città di quella provincia, per tenerla. Perché, in verità, non ci è modo sicuro a possederle, altro che la ruina. E chi diviene patrone di una città consueta a vivere libera, e non la disfaccia, aspetti di esser disfatto da quella; perché sempre ha per refugio, nella rebellione, el nome della libertà e li ordini antichi sua; li quali né per la lunghezza de' tempi né per benefizii mai si dimenticano. E per cosa che si faccia o si provegga, se non si disuniscano o si dissipano li abitatori, non sdimenticano quel nome né quelli ordini, e subito in ogni accidente vi ricorrono; come fe' Pisa dopo cento anni che ella era posta in servitù da' Fiorentini. Ma, quando le città o le provincie sono use a vivere sotto uno principe, e quel sangue sia spento, sendo da uno canto usi ad obedire, dall'altro non avendo el principe vecchio, farne uno infra loro non si accordano, vivere liberi non sanno; di modo che sono più tardi a pigliare l'arme, e con più facilità se li può uno principe guadagnare et assicurarsi di loro. Ma nelle repubbliche è maggiore vita, maggiore odio, più desiderio di vendetta; né li lascia, né può lasciare riposare la memoria della antiqua libertà: tale che la più sicura via è spegnerle o abitarvi.

Spiegazione del Capitolo V

Esistono tre modi per mantenere il dominio su uno stato occupato che prima aveva le proprie leggi: distruggerlo, andarci ad abitare personalmente oppure non modificare le leggi originarie e mantenerle intatte.
Esempi di questi modi di governare si possono trarre dagli Spartani e dai Romani. Gli Spartani tentarono di mantenere il proprio dominio su Atene e Tebe lasciandole intatte, ma le persero. La stessa cosa fecero i Romani, con esiti più o meno simili. I Romani furono costretti ad agire come agirono con Cartagine o Numanzia: distruggendo le città mantennero il proprio dominio.

La conclusione di Machiavelli è semplice: se si vuole tenere una città abituata a vivere libera, bisogna distruggerla, altrimenti ci si dovrà sempre aspettare delle ribellioni da parte sua.

Capitolo VI
I nuovi principati, acquisiti con i propri eserciti o con il proprio valore

Non si maravigli alcuno se, nel parlare che io farò de' principati al tutto nuovi e di principe e di stato, io addurrò grandissimi esempli; perché, camminando li uomini quasi sempre per le vie battute da altri, e procedendo nelle azioni loro con le imitazioni, né si potendo le vie d'altri al tutto tenere, né alla virtù di quelli che tu imiti aggiugnere, debbe uno uomo prudente intrare sempre per vie battute da uomini grandi, e quelli che sono stati eccellentissimi imitare, acciò che, se la sua virtù non vi arriva, almeno ne renda qualche odore: e fare come li arcieri prudenti, a' quali parendo el loco dove disegnono ferire troppo lontano, e conoscendo fino a quanto va la virtù del loro arco, pongono la mira assai più alta che il loco destinato, non per aggiugnere con la loro freccia a tanta altezza, ma per potere, con lo aiuto di sí alta mira, pervenire al disegno loro. Dico adunque, che ne' principati tutti nuovi, dove sia uno nuovo principe, si trova a mantenerli più o meno difficultà, secondo che più o meno è virtuoso colui che li acquista. E perché questo evento di diventare di privato principe, presuppone o virtù o fortuna, pare che l'una o l'altra di queste dua cose mitighi in parte di molte difficultà: non di manco, colui che è stato meno sulla fortuna, si è mantenuto più. Genera ancora facilità essere el principe constretto, per non avere altri stati, venire personaliter ad abitarvi. Ma, per venire a quelli che per propria virtù e non per fortuna sono diventati principi, dico che li più eccellenti sono Moisè, Ciro, Romulo, Teseo e simili. E benché di Moisè non si debba ragionare, sendo suto uno mero esecutore delle cose che li erano ordinate da Dio, tamen debbe essere ammirato solum per quella grazia che lo faceva degno di parlare con Dio. Ma consideriamo Ciro e li altri che hanno acquistato o fondato regni: li troverrete tutti mirabili; e se si consideranno le azioni et ordini loro particulari, parranno non discrepanti da quelli di Moisè, che ebbe sí gran precettore. Et esaminando le azioni e vita loro, non si vede che quelli avessino altro dalla fortuna che la occasione; la quale dette loro materia a potere introdurvi drento quella forma parse loro; e sanza quella occasione la virtù dello animo loro si sarebbe spenta, e sanza quella virtù la occasione sarebbe venuta invano. Era dunque necessario a Moisè trovare el populo d'Isdrael, in Egitto, stiavo et oppresso dalli Egizii, acciò che quelli, per uscire di servitù, si disponessino a seguirlo. Conveniva che Romulo non capissi in Alba, fussi stato esposto al nascere, a volere che diventassi re di Roma e fondatore di quella patria. Bisognava che Ciro trovassi e' Persi malcontenti dello imperio de' Medi, e li Medi molli et effeminati per la lunga pace. Non posseva Teseo dimonstrare la sua virtù, se non trovava li Ateniesi dispersi. Queste occasioni, per tanto, feciono questi uomini felici, e la eccellente virtù loro fece quella occasione esser conosciuta; donde la loro patria ne fu nobilitata e diventò felicissima.

Quelli li quali per vie virtuose, simili a costoro, diventono principi, acquistono el principato con difficultà, ma con facilità lo tengano; e le difficultà che hanno nell'acquistare el principato, in parte nascono da' nuovi ordini e modi che sono forzati introdurre per fondare lo stato loro e la loro securtà. E debbasi considerare come non è cosa più difficile a trattare, né più dubia a riuscire, né più pericolosa a maneggiare, che farsi capo ad introdurre nuovi ordini. Perché lo introduttore ha per nimici tutti quelli che delli ordini vecchi fanno bene, et ha tepidi defensori tutti quelli che delli ordini nuovi farebbono bene. La quale tepidezza nasce, parte per paura delli avversarii, che hanno le leggi dal canto loro, parte dalla incredulità delli uomini; li quali non credano in verità le cose nuove, se non ne veggono nata una ferma esperienza. Donde nasce che qualunque volta quelli che sono nimici hanno occasione di assaltare, lo fanno partigianamente, e quelli altri defendano tepidamente; in modo che insieme con loro si periclita. È necessario per tanto, volendo discorrere bene questa parte, esaminare se questi innovatori stiano per loro medesimi, o se dependano da altri; ciò è, se per condurre l'opera loro bisogna che preghino, ovvero possono forzare. Nel primo caso capitano sempre male, e non conducano cosa alcuna; ma, quando dependono da loro proprii e possano forzare, allora è che rare volte periclitano. Di qui nacque che tutt'i profeti armati vinsono, e li disarmati ruinorono. Perché, oltre alle cose dette, la natura de' populi è varia; et è facile a persuadere loro una cosa, ma è difficile fermarli in quella persuasione. E però conviene essere ordinato in modo, che, quando non credono più, si possa fare loro credere per forza. Moisè, Ciro, Teseo e Romulo non arebbono possuto fare osservare loro lungamente le loro constituzioni, se fussino stati disarmati; come ne' nostri tempi intervenne a fra' Girolamo Savonerola; il quale ruinò ne' sua ordini nuovi, come la moltitudine cominciò a non crederli; e lui non aveva modo a tenere fermi quelli che avevano creduto, né a far credere e' discredenti. Però questi tali hanno nel condursi gran difficultà, e tutti e' loro periculi sono fra via, e conviene che con la virtù li superino; ma, superati che li hanno, e che cominciano ad essere in venerazione, avendo spenti quelli che di sua qualità li avevano invidia, rimangono potenti, securi, onorati, felici.

A sí alti esempli io voglio aggiugnere uno esemplo minore; ma bene arà qualche proporzione con quelli; e voglio mi basti per tutti li altri simili; e questo è Ierone Siracusano. Costui, di privato diventò principe di Siracusa: né ancora lui conobbe altro dalla fortuna che la occasione; perché, sendo Siracusani oppressi, lo elessono per loro capitano; donde meritò d'essere fatto loro principe. E fu di tanta virtù, etiam in privata fortuna, che chi ne scrive, dice: quod nihil illi deerat ad regnandum praeter regnum. Costui spense la milizia vecchia, ordinò della nuova; lasciò le amicizie antiche, prese delle nuove; e, come ebbe amicizie e soldati che fussino sua, possé in su tale fondamento edificare ogni edifizio: tanto che lui durò assai fatica in acquistare, e poca in mantenere.

Spiegazione del Capitolo VI

Il lettore non si deve meravigliare se si citano esempi famosi: bisogna sempre imitare le orme dei grandi, di quelli che hanno eccelso in un determinato campo, esattamente come fanno gli arcieri prudenti quando alzano il tiro e mirano in alto per essere sicuri di raggiungere una meta lontana.

Nei principati nuovi le difficoltà di mantenimento del dominio da parte del Principe variano a seconda delle virtù del principe stesso, ma tutto ciò presuppone virtù o fortuna, e di conseguenza ognuno di questi due elementi mitiga le difficoltà, che sono molte: colui che si affida meno alla sorte, tuttavia, mantiene più a lungo il suo regno. Un altro elemento che mitigherebbe le difficoltà di dominio in un nuovo territorio è il trasferirvisi. I più virtuosi a governare e mantenere un Principato sono stati Mosè, Ciro di Persia, Romolo, Teseo. Se esaminiamo le azioni di questi grandi, noteremo come l'unico aiuto che essi hanno avuto dalla sorte sia stata l'occasione di realizzare l'impresa che hanno compiuto. Senza questa occasione, la loro virtù si sarebbe spenta e, allo stesso tempo, senza la propria virtù l'occasione sarebbe venuta meno. L'occasione e la forza si allinearono in una unione talmente perfetta che la loro patria godette di buona sorte a lungo.

Quelli che giungono al Principato con la virtù acquisiscono il potere con difficoltà, ma lo mantengono poi più facilmente. Le difficoltà ad acquisire il regno dipendono dalle modalità necessarie al Principe per introdurre i nuovi ordinamenti: non esiste cosa più difficile del tentativo mirato all'introduzione di nuove leggi, dal momento che questo mette il Principe in una condizione in cui tutti i fautori del vecchio ordinamento gli sono nemici, mentre chi aspetta con gioia le nuove leggi gli è solo lievemente amico. Questa gioia si concretizza un po' per paura dei nuovi occupanti che hanno il coltello dalla parte del manico, un po' dalla natura stessa degli uomini che non credono alle novità, se non affermate solidamente; questi sono anche i motivi per cui, quando i nemici del Principe mettono in atto una ribellione, gli altri lo difendono debolmente, in modo da temporeggiare e unirsi poi ai primi se le cose andassero male.

Altra cosa da comprendere bene è se questi rivoltosi agiscano per sé stessi, e quindi inneschino la rivolta da soli, oppure dipendano da altri, che ne forzano la mano.

Nel primo caso vincono quasi sempre, ma non ottengono quasi mai nulla, nel secondo invece normalmente perdono. La natura dei popoli è varia: è facile persuaderli di una cosa, ma difficile mantenerli in questa convinzione. Quindi quando non credono più autonomamente, bisogna costringerli attraverso l'esercizio e il monopolio della forza. I grandi non avrebbero potuto far osservare a lungo le loro convinzioni se fossero stati disarmati (un esempio del contrario è Savonarola).

I Principi che trovano sulla loro strada qualche difficoltà devono superarle con la virtù, ma una volta soppressi quelli che li invidiavano, avranno il regno sicuro, felice e onorato. Tra gli altri esempi si trova quello di Gerone Siracusano, che da privato cittadino riuscì a diventare principe di Siracusa. Egli in realtà non ebbe altro dalla fortuna che l'occasione dal momento che i Siracusani, assoggettati ai Cartaginesi, lo elessero capitano prima e principe poi. La sua intelligenza politica fu tale, anche nella condizione di semplice cittadino, che chi ha scritto di lui ha affermato: "nulla gli mancava per esser re fuorché il regno". Egli distrusse così la vecchia milizia per crearne una nuova; ruppe le antiche amicizie per stringerne di nuove e, non appena ebbe amicizie e soldati propri, li utilizzo entrambi per costruire il proprio dominio: la sua fatica nel conquistare il potere fu pari alla facilità con cui poi lo mantenne.

Capitolo VII
I principati nuovi che si acquistano con le armi di altri e con la fortuna

Coloro e' quali solamente per fortuna diventano, di privati principi, con poca fatica diventano, ma con assai si mantengano; e non hanno alcuna difficultà fra via, perché vi volano; ma tutte le difficultà nascono quando sono posti. E questi tali sono, quando è concesso ad alcuno uno stato o per danari o per grazia di chi lo concede: come intervenne a molti in Grecia, nelle città di Ionia e di Ellesponto, dove furono fatti principi da Dario, acciò le tenessino per sua sicurtà e gloria; come erano fatti ancora quelli imperatori che, di privati, per corruzione de' soldati, pervenivano allo imperio. Questi stanno semplicemente in sulla voluntà e fortuna di chi lo ha concesso loro, che sono dua cose volubilissime et instabili; e non sanno e non possano tenere quel grado: non sanno, perché, se non è uomo di grande ingegno e virtù, non è ragionevole che, sendo sempre vissuto in privata fortuna, sappi comandare; non possano, perché non hanno forze che li possino essere amiche e fedeli. Di poi, li stati che vengano subito, come tutte l'altre cose della natura che nascono e crescono presto, non possono avere le barbe e correspondenzie loro in modo, che 'l primo tempo avverso non le spenga; se già quelli tali, come è detto, che sí de repente sono diventati principi, non sono di tanta virtù che quello che la fortuna ha messo loro in grembo, e' sappino subito prepararsi a conservarlo, e quelli fondamenti che li altri hanno fatto avanti che diventino principi, li faccino poi.

Io voglio all'uno et all'altro di questi modi detti, circa el diventare principe per virtù o per fortuna, addurre dua esempli stati ne' dí della memoria nostra: e questi sono

Francesco Sforza e Cesare Borgia. Francesco, per li debiti mezzi e con una gran virtù, di privato diventò duca di Milano; e quello che con mille affanni aveva acquistato, con poca fatica mantenne. Dall'altra parte Cesare Borgia, chiamato dal vulgo duca Valentino, acquistò lo stato con la fortuna del padre, e con quella lo perdé; non ostante che per lui si usassi ogni opera e facessi tutte quelle cose che per uno prudente e virtuoso uomo si doveva fare, per mettere le barbe sua in quelli stati che l'arme e fortuna di altri li aveva concessi. Perché, come di sopra si disse, chi non fa e' fondamenti prima, li potrebbe con una gran virtù farli poi, ancora che si faccino con disagio dello architettore e periculo dello edifizio. Se adunque, si considerrà tutti e' progressi del duca, si vedrà lui aversi fatti gran fondamenti alla futura potenzia; li quali non iudico superfluo discorrere, perché io non saprei quali precetti mi dare migliori a uno principe nuovo, che lo esemplo delle azioni sua: e se li ordini sua non li profittorono, non fu sua colpa, perché nacque da una estraordinaria et estrema malignità di fortuna.

Aveva Alessandro sesto, nel volere fare grande el duca suo figliuolo, assai difficultà presenti e future. Prima, non vedeva via di poterlo fare signore di alcuno stato che non fussi stato di Chiesia; e, volgendosi a tòrre quello della Chiesia, sapeva che el duca di Milano e Viniziani non gnene consentirebbano; perché Faenza e Rimino erano di già sotto la protezione de' Viniziani. Vedeva, oltre a questo, l'arme di Italia, e quelle in spezie di chi si fussi possuto servire, essere in le mani di coloro che dovevano temere la grandezza del papa; e però non se ne poteva fidare, sendo tutte nelli Orsini e Colonnesi e loro complici. Era adunque necessario si turbassino quelli ordini, e disordinare li stati di coloro, per potersi insignorire securamente di parte di quelli. Il che li fu facile; perché trovò Viniziani che, mossi da altre cagioni, si eron volti a fare ripassare Franzesi in Italia: il che non solamente non contradisse, ma lo fe' più facile con la resoluzione del matrimonio antiquo del re Luigi. Passò, adunque, il re in Italia con lo aiuto de' Viniziani e consenso di Alessandro; né prima fu in Milano, che il papa ebbe da lui gente per la impresa di Romagna; la quale li fu consentita per la reputazione del re. Acquistata, adunque el duca la Romagna, e sbattuti e' Colonnesi, volendo mantenere quella e procedere più avanti, lo 'mpedivano dua cose: l'una, l'arme sua che non li parevano fedeli, l'altra, la voluntà di Francia: ciò è che l'arme Orsine, delle quali s'era valuto, li mancassino sotto, e non solamente li 'mpedissino lo acquistare ma gli togliessino l'acquistato, e che il re ancora non li facessi el simile. Delli Orsini ne ebbe uno riscontro quando dopo la espugnazione di Faenza, assaltò Bologna, ché li vidde andare freddi in quello assalto; e circa el re, conobbe l'animo suo quando, preso el ducato di Urbino, assaltò la Toscana: dalla quale impresa el re lo fece desistere. Onde che il duca deliberò non dependere più dalle arme e fortuna di altri. E, la prima cosa, indebolí le parti Orsine e Colonnese in Roma; perché tutti li aderenti loro che fussino gentili uomini, se li guadagnò, facendoli sua gentili uomini e dando loro grandi provisioni; et onorolli, secondo le loro qualità, di condotte e di governi: in modo che in pochi mesi nelli animi loro l'affezione delle parti si spense, e tutta si volse nel duca. Dopo questa, aspettò la occasione di spegnere li Orsini, avendo dispersi quelli di casa Colonna; la quale li venne bene, e lui la usò meglio; perché, avvedutisi li Orsini, tardi, che la grandezza del duca e della Chiesia era la loro ruina, feciono una dieta alla Magione, nel Perugino. Da quella nacque la rebellione di Urbino e li tumulti di Romagna et infiniti periculi del duca, li quali tutti superò con lo aiuto de' Franzesi. E, ritornatoli la reputazione, né si fidando di Francia né di altre forze esterne, per non le avere a cimentare, si volse alli inganni; e seppe tanto dissimulare l'animo suo, che li Orsini, mediante el signor Paulo, si riconciliorono seco; con il quale el duca non mancò d'ogni ragione di offizio per assicurarlo, dandoli danari, veste e cavalli; tanto che la simplicità loro li condusse a Sinigallia nelle sua mani. Spenti adunque, questi capi, e ridotti li partigiani loro amici sua, aveva il duca gittati assai buoni fondamenti alla potenzia sua, avendo tutta la Romagna con il ducato di Urbino, parendoli, massime, aversi acquistata amica la Romagna e guadagnatosi tutti quelli popoli, per avere cominciato a gustare el bene essere loro.

E, perché questa parte è degna di notizia e da essere imitata da altri, non la voglio lasciare indrieto. Preso che ebbe il duca la Romagna, e trovandola suta comandata da signori impotenti, li quali più presto avevano spogliato e' loro sudditi che corretti, e dato loro materia di disunione, non di unione, tanto che quella provincia era tutta piena di latrocinii, di brighe e di ogni altra ragione di insolenzia, iudicò fussi necessario, a volerla ridurre pacifica e obediente al braccio regio, darli buon governo. Però vi prepose messer Remirro de Orco uomo crudele et espedito, al quale dette pienissima potestà. Costui in poco tempo la ridusse pacifica et unita, con grandissima reputazione. Di poi iudicò el duca non essere necessario sí eccessiva autorità, perché dubitava non divenissi odiosa; e preposevi uno iudicio civile nel mezzo della provincia, con uno presidente eccellentissimo, dove ogni città vi aveva lo avvocato suo. E perché conosceva le rigorosità passate averli generato qualche odio, per purgare li animi di quelli populi e guadagnarseli in tutto, volle monstrare che, se crudeltà alcuna era seguíta, non era nata da lui, ma dalla acerba natura del ministro. E presa sopr'a questo occasione, lo fece mettere una mattina, a Cesena, in dua pezzi in sulla piazza, con uno pezzo di legno e uno coltello sanguinoso a canto. La ferocità del quale spettaculo fece quelli populi in uno tempo rimanere satisfatti e stupidi.

Ma torniamo donde noi partimmo. Dico che, trovandosi el duca assai potente et in parte assicurato de' presenti periculi, per essersi armato a suo modo e avere in buona parte spente quelle arme che, vicine, lo potevano offendere, li restava, volendo procedere con lo acquisto, el respetto del re di Francia; perché conosceva come dal re, il quale tardi si era accorto dello errore suo, non li sarebbe sopportato. E cominciò per questo a cercare di amicizie nuove, e vacillare con Francia, nella venuta che feciono Franzesi verso el regno di Napoli contro alli Spagnuoli che assediavono Gaeta. E l'animo suo era assicurarsi di loro; il che li sarebbe presto riuscito, se Alessandro viveva.

E questi furono e' governi sua quanto alle cose presenti. Ma, quanto alle future, lui aveva a dubitare in prima che uno nuovo successore alla Chiesia non li fussi amico e cercassi torli quello che Alessandro li aveva dato: e pensò farlo in quattro modi: prima, di spegnere tutti e' sangui di quelli signori che lui aveva spogliati, per tòrre al papa quella occasione; secondo, di guadagnarsi tutti e' gentili uomini di Roma, come è detto, per potere con quelli tenere el papa in freno; terzio, ridurre el Collegio più suo che poteva; quarto, acquistare tanto imperio, avanti che il papa morissi, che potessi per sé medesimo resistere a uno primo impeto. Di queste quattro cose, alla morte di Alessandro ne aveva condotte tre; la quarta aveva quasi per condotta: perché de' signori spogliati ne ammazzò quanti ne possé aggiugnere, e pochissimi si salvarono; e' gentili uomini romani si aveva guadagnati, e nel Collegio aveva grandissima parte; e, quanto al nuovo acquisto, aveva disegnato diventare signore di Toscana, e possedeva di già Perugia e Piombino, e di Pisa aveva presa la protezione. E, come non avessi avuto ad avere respetto a Francia (ché non gnene aveva ad avere più, per essere di già Franzesi spogliati del Regno dalli Spagnoli, di qualità che ciascuno di loro era necessitato comperare l'amicizia sua), e' saltava in Pisa. Dopo questo, Lucca e Siena cedeva subito, parte per invidia de' Fiorentini, parte per paura; Fiorentini non avevano remedio: il che se li fusse riuscito (ché li riusciva l'anno medesimo che Alessandro morí), si acquistava tante forze e tanta reputazione, che per sé stesso si sarebbe retto, e non sarebbe più dependuto dalla fortuna e forze di altri, ma dalla potenzia e virtù sua. Ma Alessandro morí dopo cinque anni che elli aveva cominciato a trarre fuora la spada. Lasciollo con lo stato di Romagna solamente assolidato, con tutti li altri in aria, infra dua potentissimi eserciti inimici, e malato a morte. Et era nel duca tanta ferocia e tanta virtù e sí bene conosceva come li uomini si hanno a guadagnare o perdere, e tanto erano validi e' fondamenti che in sí poco tempo si aveva fatti, che, se non avessi avuto quelli eserciti addosso, o lui fussi stato sano, arebbe retto a ogni difficultà. E ch'e' fondamenti sua fussino buoni, si vidde: ché la Romagna l'aspettò più d'uno mese; in Roma, ancora che mezzo vivo, stette sicuro; e benché Ballioni, Vitelli et Orsini venissino in Roma, non ebbono séguito contro di lui: possé fare, se non chi e' volle papa, almeno che non fussi chi non voleva. Ma, se nella morte di Alessandro fussi stato sano, ogni cosa li era facile. E lui mi disse, ne' dí che fu creato Iulio II, che aveva pensato a ciò che potessi nascere, morendo el padre, et a tutto aveva trovato remedio, eccetto che non pensò mai, in su la sua morte, di stare ancora lui per morire.

Raccolte io adunque tutte le azioni del duca, non saprei riprenderlo; anzi mi pare, come ho fatto, di preporlo imitabile a tutti coloro che per fortuna e con l'arme d'altri sono ascesi allo imperio. Perché lui avendo l'animo grande e la sua intenzione alta, non si poteva governare altrimenti; e solo si oppose alli sua disegni la brevità della vita di Alessandro e la malattia sua. Chi, adunque, iudica necessario nel suo principato nuovo assicurarsi de' nimici, guadagnarsi delli amici, vincere o per forza o per fraude, farsi amare e temere da' populi, seguire e reverire da' soldati, spegnere quelli che ti possono o debbono offendere, innovare con nuovi modi li ordini antichi, essere severo e grato, magnanimo e liberale, spegnere la milizia infidele, creare della nuova, mantenere l'amicizie de' re e de' principi in modo che ti abbino o a beneficare con grazia o offendere con respetto, non può trovare e' più freschi esempli che le azioni di costui. Solamente si può accusarlo nella creazione di Iulio pontefice, nella quale lui ebbe mala elezione; perché, come è detto, non possendo fare uno papa a suo modo, poteva tenere che uno non fussi papa; e non doveva mai consentire al papato di quelli cardinali che lui avessi offesi, o che, diventati papi, avessino ad avere paura di lui. Perché li uomini offendono o per paura o per odio. Quelli che lui aveva offesi erano, infra li altri, San Piero ad Vincula, Colonna, San Giorgio, Ascanio; tutti li altri, divenuti papi, aveano a temerlo, eccetto Roano e li Spagnuoli: questi per coniunzione et obligo; quello per potenzia, avendo coniunto seco el regno di Francia. Per tanto el duca, innanzi ad ogni cosa, doveva creare papa uno spagnolo, e, non potendo, doveva consentire che fussi Roano e non San Piero ad Vincula. E chi crede che ne' personaggi grandi e' benefizii nuovi faccino dimenticare le iniurie vecchie, s'inganna. Errò, adunque, el duca in questa elezione; e fu cagione dell'ultima ruina sua.

Spiegazione del Capitolo VII

Quelli che diventano Principi di Stati acquisiti senza meriti personali possono acquisire potere molto facilmente, ma difficilmente mantengono il titolo e le difficoltà nel mantenimento del potere sorgono perché questo potere si fonda sulla volontà e sulla sorte di chi ha concesso al principe questo privilegio, per denaro o per altri motivi. Per chi diventa principe per merito altrui non vi è alcuna possibilità di comprendere, né tantomeno di mantenere, questo stato di potere. Non lo può realmente *comprendere* perché essendo sempre vissuto alle spalle di altri, a meno che non sia un uomo dotato di virtù straordinaria, non è stato abituato a comandare. Non è invece in grado di *mantenere* il potere perché non ha conquistato la fedeltà delle forze necessarie al mantenimento di questo potere.

Un esempio di potere acquistato con la virtù è quello di Francesco Sforza, che infatti fu in grado di mantenere salda la guida del suo stato.

Un esempio di stato acquistato con la fortuna (o con le virtù degli altri) fu il Duca Valentino, ovvero Cesare Borgia. Una volta conquistata la Romagna grazie all'aiuto di papa Alessandro VI e di Luigi XII , egli la governò con il pugno di ferro per tenerla assoggettata al suo dominio. Nonostante tutto ciò, gli restava comunque un pericolo da debellare: il Re di Francia, suo nemico. Debellato questo pericolo, doveva assicurarsi che il successore di Papa Alessandro non gli togliesse i suoi possedimenti. Per farlo, doveva fare quattro cose contemporaneamente: neutralizzare le stirpi dei Signori che aveva spogliato, guadagnarsi il favore della nobiltà romana, ridurre in suo potere il Collegio dei Cardinali, acquisire la forza necessaria per resistere all'impeto futuro. Riuscì solo nella realizzazione dei primi tre obiettivi, mentre l'ultimo non riuscì del tutto: così, accerchiato da potenti eserciti, andò in rovina. Secondo l'autore, tutto l'operato del Duca non è da biasimare, anzi piuttosto da imitare, perché solo la morte di Alessandro e la sua malattia si opposero ai suoi piani. E non c'è esempio migliore per chi voglia assicurarsi uno stato nuovo che seguire le azioni del Duca. L'unico suo errore fu permettere l'elezione a papa di Giulio VI: non potendo creare un papa a suo modo, poteva almeno sceglierlo o quanto meno non acconsentire che uno di quei Cardinali che aveva ferito precedentemente diventasse Pontefice.

Studi di testa di un uomo di Leonardo da Vinci. Probabilmente si tratta di un ritratto di Cesare Borgia.

Capitolo VIII
Di quelli che per scelleratezze sono arrivati al principato

Ma perché di privato si diventa principe ancora in dua modi, il che non si può al tutto o alla fortuna o alla virtù attribuire, non mi pare da lasciarli indrieto, ancora che dell'uno si possa più diffusamente ragionare dove si trattassi delle repubbliche. Questi sono quando, o per qualche via scellerata e nefaria si ascende al principato, o quando uno privato cittadino con il favore delli altri sua cittadini diventa principe della sua patria. E, parlando del primo modo, si monstrerrà con dua esempli, l'uno antiquo l'altro moderno, sanza intrare altrimenti ne' meriti di questa parte, perché io iudico che basti, a chi fussi necessitato, imitargli.

Agatocle siciliano, non solo di privata fortuna, ma di infima et abietta, divenne re di Siracusa. Costui, nato d'uno figulo, tenne sempre, per li gradi della sua età, vita scellerata; non di manco accompagnò le sua scelleratezze con tanta virtù di animo e di corpo, che, voltosi alla milizia, per li gradi di quella pervenne ad essere pretore di Siracusa. Nel quale grado sendo constituito, e avendo deliberato diventare principe e tenere con violenzia e sanza obligo d'altri quello che d'accordo li era suto concesso, et avuto di questo suo disegno intelligenzia con Amilcare cartaginese, il quale con li eserciti militava in Sicilia, raunò una mattina el populo et il senato di Siracusa, come se elli avessi avuto a deliberare cose pertinenti alla repubblica; et ad uno cenno ordinato, fece da' sua soldati uccidere tutti li senatori e li più ricchi del popolo. Li quali morti, occupò e tenne il principato di quella città sanza alcuna controversia civile. E, benché da' Cartaginesi fussi dua volte rotto e demum assediato, non solum possé defendere la sua città, ma, lasciato parte delle sue genti alla difesa della ossidione, con le altre assaltò l'Affrica, et in breve tempo liberò Siracusa dallo assedio e condusse Cartagine in estrema necessità: e furono necessitati accordarsi con quello, esser contenti della possessione di Affrica, et ad Agatocle lasciare la Sicilia. Chi considerassi adunque le azioni e virtù di costui, non vedrà cose, o poche, le quali possa attribuire alla fortuna; con ciò sia cosa, come di sopra è detto, che non per favore d'alcuno, ma per li gradi della milizia, li quali con mille disagi e periculi si aveva guadagnati, pervenissi al principato, e quello di poi con tanti partiti animosi e periculosi mantenessi. Non si può ancora chiamare virtù ammazzare li sua cittadini, tradire li amici, essere sanza fede, sanza pietà, sanza relligione; li quali modi possono fare acquistare imperio, ma non gloria. Perché, se si considerassi la virtù di Agatocle nello intrare e nello uscire de' periculi, e la grandezza dello animo suo nel sopportare e superare le cose avverse, non si vede perché elli abbia ad essere iudicato inferiore a qualunque eccellentissimo capitano. Non di manco, la sua efferata crudelità e inumanità, con infinite scelleratezze, non consentono che sia infra li eccellentissimi uomini celebrato. Non si può, adunque, attribuire alla fortuna o alla virtù quello che sanza l'una e l'altra fu da lui conseguito.

Ne' tempi nostri, regnante Alessandro VI, Oliverotto Firmiano, sendo più anni innanzi rimaso piccolo, fu da uno suo zio materno, chiamato Giovanni Fogliani, allevato, e ne' primi tempi della sua gioventù dato a militare sotto Paulo Vitelli, acciò che, ripieno di quella disciplina, pervenissi a qualche eccellente grado di milizia. Morto di poi Paulo, militò sotto Vitellozzo suo fratello; et in brevissimo tempo, per essere ingegnoso, e della persona e dello animo gagliardo, diventò el primo uomo della sua milizia. Ma, parendoli cosa servile lo stare con altri, pensò, con lo aiuto di alcuni cittadini di Fermo a' quali era più cara la servitù che la libertà della loro patria, e con il favore vitellesco, di occupare Fermo. E scrisse a Giovanni Fogliani come, sendo stato più anni fuora di casa, voleva venire a vedere lui e la sua città, et in qualche parte riconoscere el suo patrimonio: e perché non s'era affaticato per altro che per acquistare onore, acciò ch'e' sua cittadini vedessino come non aveva speso el tempo in vano, voleva venire onorevole et accompagnato da cento cavalli di sua amici e servidori; e pregavalo fussi contento ordinare che da' Firmiani fussi ricevuto onoratamente; il che non solamente tornava onore a lui, ma a sé proprio, sendo suo allievo. Non mancò, per tanto Giovanni di alcuno offizio debito verso el nipote; e fattolo ricevere da' Firmiani onoratamente, si alloggiò nelle case sua: dove, passato alcuno giorno, et atteso ad ordinare quello che alla sua futura scelleratezza era necessario, fece uno convito solennissimo, dove invitò Giovanni Fogliani e tutti li primi uomini di Fermo. E, consumate che furono le vivande, e tutti li altri intrattenimenti che in simili conviti si usano, Oliverotto, ad arte, mosse certi ragionamenti gravi, parlando della grandezza di papa Alessandro e di Cesare suo figliuolo, e delle imprese loro. A' quali ragionamenti respondendo Giovanni e li altri, lui a un tratto si rizzò, dicendo quelle essere cose da parlarne in loco più secreto; e ritirossi in una camera, dove Giovanni e tutti li altri cittadini li andorono drieto. Né prima furono posti a sedere, che de' luoghi secreti di quella uscirono soldati, che ammazzorono Giovanni e tutti li altri. Dopo il quale omicidio, montò Oliverotto a cavallo, e corse la terra, et assediò nel palazzo il supremo magistrato; tanto che per paura furono constretti obbedirlo e fermare uno governo, del quale si fece principe. E, morti tutti quelli che, per essere malcontenti, lo potevono offendere, si corroborò con nuovi ordini civili e militari; in modo che, in spazio d'uno anno che tenne el principato, lui non solamente era sicuro nella città di Fermo, ma era diventato pauroso a tutti li sua vicini. E sarebbe suta la sua espugnazione difficile come quella di Agatocle, se non si fussi suto lasciato ingannare da Cesare Borgia, quando a Sinigallia, come di sopra si disse, prese li Orsini e Vitelli; dove, preso ancora lui, uno anno dopo el commisso parricidio, fu, insieme con Vitellozzo, il quale aveva avuto maestro delle virtù e scelleratezze sua, strangolato.

Potrebbe alcuno dubitare donde nascessi che Agatocle et alcuno simile, dopo infiniti tradimenti e crudeltà, possé vivere lungamente sicuro nella sua patria e defendersi dalli inimici esterni, e da' sua cittadini non li fu mai conspirato contro; con ciò sia che molti altri, mediante la crudeltà non abbino, etiam ne' tempi pacifici, possuto mantenere lo stato, non che ne' tempi dubbiosi di guerra. Credo che questo avvenga dalle crudeltà male usate o bene usate. Bene usate si possono chiamare quelle (se del male è licito dire bene) che si fanno ad uno tratto, per necessità dello assicurarsi, e di poi non vi si insiste drento ma si convertiscono in più utilità de' sudditi che si può. Male usate sono quelle le quali, ancora che nel principio sieno poche, più tosto col tempo crescono che le si spenghino. Coloro che osservano el primo modo, possono con Dio e con li uomini avere allo stato loro qualche remedio, come ebbe Agatocle; quelli altri è impossibile si mantenghino. Onde è da notare che, nel pigliare uno stato, debbe l'occupatore di esso discorrere tutte quelle offese che li è necessario fare; e tutte farle a un tratto, per non le avere a rinnovare ogni dí, e potere, non le innovando, assicurare li uomini e guadagnarseli con beneficarli. Chi fa altrimenti, o per timidità o per mal consiglio, è sempre necessitato tenere el coltello in mano; né mai può fondarsi sopra li sua sudditi non si potendo quelli per le fresche e continue iniurie assicurare di lui. Perché le iniurie si debbono fare tutte insieme, acciò che, assaporandosi meno, offendino meno: e' benefizii si debbono fare a poco a poco, acciò che si assaporino meglio. E debbe, sopr'a tutto, uno principe vivere con li suoi sudditi in modo che veruno accidente o di male o di bene lo abbi a far variare: perché, venendo per li tempi avversi le necessità, tu non se' a tempo al male, et il bene che tu fai non ti giova, perché è iudicato forzato, e non te n'è saputo grado alcuno.

Spiegazione del Capitolo VIII

Si può raggiungere lo status di principe in due modi: con crudeltà d'animo o con il favore dei propri concittadini.
Machiavelli fa qui due esempi, uno antico e uno moderno per citare le azioni di chi arriva al principato tramite la crudeltà d'animo. Il primo è Agatocle, tiranno di Siracusa, figlio di un vasaio, scellerato tutta la vita. Divenne per gradi Pretore di Siracusa; messosi poi in testa di diventare Principe e accordatosi con il cartaginese Amilcare, una mattina radunò il senato e a un suo cenno fece uccidere gli aristocratici e i senatori. Così divenne Principe e non solo resistette ai contrattacchi della città di Siracusa, ma conquistò anche una parte dell'Africa. Considerando la storia di Agatocle non si potrà attribuire il suo Principato alla fortuna, essendosi egli guadagnato i gradi nella milizia con il sacrificio. Né si può considerare virtù trucidare i propri stessi concittadini, tradire gli amici, o in generale non avere alcuna pietà. Il secondo esempio, quello

contemporaneo a Machiavelli (si fa riferimento all'epoca del papato di Alessandro VI), vede come protagonista Oliverotto da Fermo: egli fu addestrato alla milizia da Paolo Vitelli e militò sotto il fratello, Vitellozzo. In breve tempo egli divenne il primo uomo della sua milizia e quando decise che era giunto il momento di mettersi a capo di una città, decise di farlo della sua città natale. Scrisse al suo tutore che vi voleva ritornare in modo solenne. Fattosi dunque ricevere, ordinò un banchetto con tutte le più alte personalità del paese. Alla fine del pranzo le condusse tutte in un luogo segreto dove le fece uccidere e ottenne così il titolo di Principe della sua città. Si potrebbe dubitare su come Agatocle e Oliverotto fossero riusciti a mantenere il loro Principato anche in cattiva sorte, mentre altri, attraverso la crudeltà, non vi siano riusciti, ma Machiavelli da una spiegazione anche a questo: esistono due modi di sfruttare la crudeltà.

Machiavelli definisce la *crudeltà ben usata* quella che si mette in campo una sola volta per necessità e poi si converte in utilità per i sudditi. La *crudeltà male usata* invece rappresenta crudeltà che si prolunga costantemente nel tempo.
Bisogna dunque notare che l'occupante, nel conquistare uno Stato, deve sferrare insieme tutti i colpi necessari per guadagnarsi il favore degli uomini. Chi decide di agire diversamente è costretto a impugnare la spada per sempre, e proprio per questo non potrà allearsi con i propri sudditi. Secondo l'autore bisogna sferrare tutti i colpi in un unico momento, mentre i benefici vanno fatti assaporare uno per volta.

Capitolo IX
Il principato civile

Ma venendo all'altra parte, quando uno privato cittadino, non per scelleratezza o altra intollerabile violenzia, ma con il favore delli altri sua cittadini diventa principe della sua patria, il quale si può chiamare principato civile (né a pervenirvi è necessario o tutta virtù o tutta fortuna, ma più presto una astuzia fortunata), dico che si ascende a questo principato o con il favore del populo o con il favore de' grandi. Perché in ogni città si truovano questi dua umori diversi; e nasce da questo, che il populo desidera non essere comandato né oppresso da' grandi, e li grandi desiderano comandare et opprimere el populo; e da questi dua appetiti diversi nasce nelle città uno de' tre effetti, o principato o libertà o licenzia.

El principato è causato o dal populo o da' grandi, secondo che l'una o l'altra di queste parti ne ha occasione; perché, vedendo e' grandi non potere resistere al populo, cominciano a voltare la reputazione ad uno di loro, e fannolo principe per potere sotto la sua ombra sfogare l'appetito loro. El populo ancora, vedendo non potere resistere a' grandi, volta la reputazione ad uno, e lo fa principe, per essere con la autorità sua difeso. Colui che viene al principato con lo aiuto de' grandi, si mantiene con più difficultà che quello che diventa con lo aiuto del populo; perché si trova principe con di molti intorno che li paiano essere sua eguali, e per questo non li può né comandare né maneggiare a suo modo. Ma colui che arriva al principato con il favore popolare, vi si trova solo, e ha intorno o nessuno o pochissimi che non sieno parati a obedire. Oltre a questo, non si può con onestà satisfare a' grandi e sanza iniuria d'altri, ma sí bene al populo: perché quello del populo è più onesto fine che quello de' grandi, volendo questi opprimere, e quello non essere oppresso. Preterea, del populo inimico uno principe non si può mai assicurare, per essere troppi; de' grandi si può assicurare, per essere pochi. El peggio che possa aspettare uno principe dal populo inimico, è lo essere abbandonato da lui; ma da' grandi, inimici, non solo debbe temere di essere abbandonato, ma etiam che loro li venghino contro; perché, sendo in quelli più vedere e più astuzia, avanzono sempre tempo per salvarsi, e cercono gradi con quelli che sperano che vinca. È necessitato ancora el principe vivere sempre con quello medesimo populo; ma può ben fare sanza quelli medesimi grandi, potendo farne e disfarne ogni dí, e tòrre e dare, a sua posta, reputazione loro.

E per chiarire meglio questa parte, dico come e' grandi si debbono considerare in dua modi principalmente. O si governano in modo, col procedere loro, che si obbligano in tutto alla tua fortuna, o no. Quelli che si obbligano, e non sieno rapaci, si debbono onorare et amare; quelli che non si obbligano, si hanno ad esaminare in dua modi: o fanno questo per pusillanimità e defetto naturale d'animo: allora tu ti debbi servire di quelli massime che sono di buono consiglio, perché nelle prosperità te ne onori, e nelle avversità non hai da temerne. Ma, quando non si obbligano ad arte e per cagione ambiziosa, è segno come pensano più a sé che a te; e da quelli si debbe el principe guardare, e temerli come se fussino scoperti inimici, perché sempre, nelle avversità, aiuteranno ruinarlo.

Debbe, per tanto, uno che diventi principe mediante el favore del populo, mantenerselo amico; il che li fia facile, non domandando lui se non di non essere oppresso. Ma uno che contro al populo diventi principe con il favore de' grandi, debbe innanzi a ogni altra cosa cercare di guadagnarsi el populo: il che li fia facile, quando pigli la protezione sua. E perché li uomini, quando hanno bene da chi credevano avere male, si obbligano più al beneficatore loro, diventa el populo subito più suo benivolo, che se si fussi condotto al principato con favori sua: e puosselo el principe guadagnare in molti modi, li quali, perché variano secondo el subietto, non se ne può dare certa regola, e però si lasceranno indrieto. Concluderò solo che a uno principe è necessario avere el populo amico: altrimenti non ha, nelle avversità, remedio.

Nabide, principe delli Spartani, sostenne la ossidione di tutta Grecia e di uno esercito romano vittoriosissimo, e difese contro a quelli la patria sua et il suo stato: e li bastò solo, sopravvenente il periculo, assicurarsi di pochi: ché se elli avessi avuto el populo inimico, questo non li bastava. E non sia alcuno che repugni a questa mia opinione con quello proverbio trito, che chi fonda in sul populo, fonda in sul fango: perché quello è vero, quando uno cittadino privato vi fa su fondamento, e dassi ad intendere che il populo lo liberi, quando fussi oppresso da' nimici o da' magistrati. In questo caso si potrebbe trovare spesso ingannato, come a Roma e' Gracchi et a Firenze messer Giorgio Scali. Ma, sendo uno principe che vi fondi su, che possa comandare e sia uomo di core, né si sbigottisca nelle avversità, e non manchi delle altre preparazioni, e tenga con l'animo et ordini sua animato l'universale, mai si troverrà ingannato da lui, e li parrà avere fatto li sua fondamenti buoni.

Sogliono questi principati periclitare quando sono per salire dall'ordine civile allo assoluto; perché questi principi, o comandano per loro medesimi, o per mezzo de' magistrati. Nell'ultimo caso, è più debole e più periculoso lo stare loro; perché gli stanno al tutto con la voluntà di quelli cittadini che sono preposti a' magistrati: li quali, massime ne' tempi avversi, li possono tòrre con facilità grande lo stato, o con farli contro, o con non lo obedire. Et el principe non è a tempo, ne' periculi, a pigliare l'autorità assoluta; perché li cittadini e sudditi, che sogliono avere e' comandamenti da' magistrati, non sono, in quelli frangenti, per obedire a' sua; et arà sempre, ne' tempi dubii, penuria di chi si possa fidare. Perché simile principe non può fondarsi sopra a quello che vede ne' tempi quieti, quando e' cittadini hanno bisogno dello stato; perché allora ognuno corre, ognuno promette, e ciascuno vuole morire per lui, quando la morte è discosto; ma ne' tempi avversi, quando lo stato ha bisogno de' cittadini, allora se ne truova pochi. E tanto più è questa esperienzia periculosa, quanto la non si può fare se non una volta. E però uno principe savio debba pensare uno modo per il quale li sua cittadini, sempre et in ogni qualità di tempo, abbino bisogno dello stato e di lui: e sempre poi li saranno fedeli.

Spiegazione del Capitolo IX

Il *Principato civile* è invece quello in cui chi diviene principe, lo fa col favore degli altri concittadini. Questo potere non si acquisisce semplicemente tramite fortuna o virtù, ma piuttosto attraverso un'astuzia assistita dalla fortuna. Questo titolo si ottiene o col favore del popolo o col favore dei potenti, le due forze diverse che dominano in ogni città. Machiavelli riconosce l'origine di queste due forze nell'idea, da un lato, che il popolo non desideri essere né comandato né oppresso dai potenti, mentre dall'altro che i potenti abbiano invece tutto l'interesse nel comandare e opprimere il popolo.

Queste due tendenze opposte danno origine a uno dei seguenti risultati:

- Principato
- Libertà
- *Licenza* (Anarchia)

Parlando del principato, esso è all'occasione realizzato o dal popolo o dai potenti: quando i potenti notano che non possono resistere alla forza del popolo, eleggono uno di loro come principe per poter mettere in atto il proprio dominio sul popolo stesso; al contrario, quando il popolo comprende che non può resistere ai potenti, esso elegge un principe per rimettersi alle sue decisioni e difendersi sotto la sua autorità. Il principato concretizzato per mano dei potenti si mantiene con più difficoltà dell'altro, perché i potenti non pensano di essere inferiori al principe e anzi si ritengono pari a lui, rendendo difficile il comando o la manipolazione da parte del principe stesso.

Nel caso invece di un principato che si costituisce per volontà popolare, il Principe si trova in una condizione più favorevole, in cui ben pochi sono disposti a disubbidire al suo comando.

Va inoltre evidenziato come non si possa soddisfare la volontà dei potenti senza scontentare o far danno al popolo, mentre si può soddisfare la volontà del popolo senza ledere troppo i potenti: questo è possibile perché mentre la volontà dei potenti si concretizza nell'oppressione del popolo, il desiderio del popolo è semplicemente quello di non venir oppresso. Inoltre un Principe non può mai considerarsi sicuro circondato un popolo a lui nemico perché questo è troppo numeroso, mentre potrebbe comunque considerarsi al sicuro in mezzo a dei potenti a lui ostili, perché sarebbero in numero più esiguo rispetto a una massa popolare. La sorte peggiore che si può prospettare per un principe è quella in cui egli viene abbandonato dal popolo divenuto suo nemico, ma deve guardarsi anche dai potenti: essi potrebbero tanto abbandonarlo, quanto proprio ribellarsi in maniera scaltra, essendo generalmente più furbi ed accorti del popolo. Si può quindi dire che per il principe è necessario vivere sempre con il favore del popolo, mentre non è vincolato per forza al favore dei potenti, che può edificare o dismettere a proprio piacimento.

I potenti devono essere suddivisi principalmente in due categorie: chi si comporta adeguandosi totalmente alla volontà e alla sorte del principe, e chi non lo fa. I primi si devono onorare e lodare; i secondi devono essere pesati in due modi diversi. Se vanno contro il principe per vigliaccheria, meschinità e difetto naturale, allora nelle condizioni favorevoli andranno ascoltati e sfruttati a beneficio del principe, mentre nelle condizioni sfavorevoli non dovranno essere temuti, in quanto codardi. Se invece vanno contro il volere del principe con ambizione dolosa, allora è segno che pensano più a loro stessi che al principe. Questi sono i potenti che il Principe deve temere e da cui deve guardarsi, perché nelle avversità sicuramente si adopereranno per spodestarlo.

Il Principe divenuto tale con l'aiuto del popolo dunque deve mantenere il popolo amico, cosa facile se il popolo non fa altro che chiedere di non essere oppresso. Un Principe divenuto tale con l'aiuto dei potenti, invece, deve prima di tutto guadagnarsi il popolo, cosa altrettanto facile se prende le dovute precauzioni. Gli uomini tendono a mettere il proprio beneficio prima di tutto: per questo motivo, un principe salito al potere senza il favore popolare, ma che prende decisioni che vengono percepite come favorevoli dal popolo stesso, può ambire ad ottenere più supporto del popolo anche rispetto al principe edificato tramite mandato popolare diretto.

Il Principe può guadagnare il popolo in molti modi, ma siccome essi variano da caso a caso Machiavelli non intende addentrarsi in una descrizione dettagliata. La conclusione è semplice: piuttosto che avere un rimedio efficace per l'ira popolare, per un Principe è molto più importante avere il sostegno del popolo.

Così, l'obiezione spesso sollevata con il detto "*chi fonda sul popolo, fonda sul fango*" risulta veritiera solo nei casi in cui essa dia per scontato un'eventuale azione del popolo in difesa del principe. In questo caso la vicenda di Tiberio e Caio Gracco nell'antica Roma, o di messer Giorgio Scali a Firenze parla chiaro. Tuttavia qualora un principe decida di fondare sul popolo il proprio dominio in maniera intelligente, con vigore, carattere, coraggio e impartendo ordini sempre ben precisi, egli non si troverà mai abbandonato dal popolo, anzi, al contrario, ne sarà supportato.

Questo tipo di Principati, però, si sgretolano quando tentano di passare dalla forma *civile* alla forma *assoluta*. I Principi comandano o mediante i loro stessi mezzi o per mezzo di magistrati; questi ultimi, specialmente nelle avversità, possono togliere loro con grande facilità lo Stato ribellandosi o semplicemente non ubbidendo loro: questo può dissuadere il Principe dall'idea di diventare Monarca Assoluto, poiché tra gli ordini del monarca e quelli del magistrato, il cittadino medio teme molto di più quelli del secondo.

Il Principe vive così in una condizione di perenne scarsezza di amicizie: egli non può fidarsi di nessuno nei tempi di pace, quando ognuno promette qualsiasi cosa (ed è disposto perfino a morire, quando la morte è lontana), così come non può fidarsi di nessuno tanto meno nelle avversità, quando i veri pericoli vengono a galla, e di amici se ne trovano inevitabilmente pochi. Proprio per questo motivo, un Principe scaltro deve fare in modo di tenersi amico il popolo in pace e in guerra e di averlo sempre fedele.

Papa Alessandro VI Borgia, padre di Cesare Borgia

Capitolo X
Come vanno misurate le forze
di tutti i principati

Conviene avere, nello esaminare le qualità di questi principati, un'altra considerazione: cioè, se uno principe ha tanto stato che possa, bisognando, per sé medesimo reggersi, o vero se ha sempre necessità della defensione di altri. E, per chiarire meglio questa parte, dico come io iudico coloro potersi reggere per sé medesimi, che possono, o per abundanzia di uomini, o di denari, mettere insieme un esercito iusto, e fare una giornata con qualunque li viene ad assaltare; e cosí iudico coloro avere sempre necessità di altri, che non possono comparire contro al nimico in campagna, ma sono necessitati rifuggirsi drento alle mura e guardare quelle. Nel primo caso, si è discorso; e per lo avvenire diremo quello ne occorre. Nel secondo caso non si può dire altro, salvo che confortare tali principi a fortificare e munire la terra propria, e del paese non tenere alcuno conto. E qualunque arà bene fortificata la sua terra, e circa li altri governi con li sudditi si fia maneggiato come di sopra è detto e di sotto si dirà, sarà sempre con grande respetto assaltato; perché li uomini sono sempre nimici delle imprese dove si vegga difficultà, né si può vedere facilità assaltando uno che abbi la sua terra gagliarda e non sia odiato dal populo.

Le città di Alamagna sono liberissime, hanno poco contado, et obediscano allo imperatore quando le vogliono, e non temono né quello né altro potente che e abbino intorno; perché le sono in modo fortificate, che ciascuno pensa la espugnazione di esse dovere essere tediosa e difficile. Perché tutte hanno fossi e mura conveniente;

hanno artiglierie a sufficienzia; tengono sempre nelle cànove publiche da bere e da mangiare e da ardere per uno anno; et oltre a questo, per potere tenere la plebe pasciuta e sanza perdita del pubblico, hanno sempre in comune per uno anno da potere dare loro da lavorare in quelli esercizii che sieno el nervo e la vita di quella città e delle industrie de' quali la plebe pasca. Tengono ancora li esercizii militari in reputazione, e sopra questo hanno molti ordini a mantenerli.

Uno principe, adunque, che abbi una città forte e non si facci odiare, non può essere assaltato; e, se pure fussi chi lo assaltassi, se ne partirà con vergogna; perché le cose del mondo sono sí varie, che elli è quasi impossibile che uno potessi con li eserciti stare uno anno ozioso a campeggiarlo. E chi replicasse: se il populo arà le sue possessioni fuora, e veggale ardere, non ci arà pazienza, et il lungo assedio e la carità propria li farà sdimenticare el principe; respondo che uno principe potente et animoso supererà sempre tutte quelle difficultà, dando ora speranza a' sudditi che el male non fia lungo, ora timore della crudeltà del nimico, ora assicurandosi con destrezza di quelli che li paressino troppo arditi. Oltre a questo, el nimico, ragionevolmente, debba ardere e ruinare el paese in sulla sua giunta e ne' tempi, quando li animi delli uomini sono ancora caldi e volenterosi alla difesa; e però tanto meno el principe debbe dubitare, perché, dopo qualche giorno, che li animi sono raffreddi, sono di già fatti e' danni, sono ricevuti e' mali, e non vi è più remedio; et allora tanto più si vengono a unire con il loro principe, parendo che lui abbia con loro obbligo sendo loro sute arse le case, ruinate le possessioni, per la difesa sua. E la natura delli uomini è, cosí obbligarsi per li benefizii che si fanno, come per quelli che si ricevano. Onde, se si considerrà bene tutto, non fia difficile a uno principe prudente tenere prima e poi fermi li animi de' sua cittadini nella ossidione, quando non li manchi da vivere né da difendersi.

Spiegazione del Capitolo X

Nell'esaminare le qualità dei Principati, si distinguono il Principe che non dipende da altri in tema di milizia e il Principe che invece ha sempre bisogno dell'aiuto di altri per fare la guerra. I Principi appartenenti al primo tipo possono radunare un esercito adeguato e sostenere una battaglia campale con chiunque. Queli appartenenti al secondo gruppo non possono sostenere battaglie campali, ma hanno invece la necessità di rifugiarsi dentro le mura e farsi difendere da esse. L'Autore esorta questi Principi a fortificare le proprie città e non preoccuparsi troppo del contado circostante, perché nessuno vorrà mai prendere di mira una città ben fortificata e questo stratagemma proteggerebbe in via indiretta anche il contado circostante. D'altronde, è proprio quello che succede in Germania, dove le città sono tutte fortificate: nessuno si prenderebbe mai la briga di assaltarle, perché è evidente a tutti quanto difficile sarebbe l'impresa e gli uomini sono generalmente restii davanti alle imprese difficili o impossibili.

Dunque un Principe che abbia una città fortificata e sia ben voluto dal popolo non può essere aggredito, e se pure ci fosse qualcuno tanto ardito da farlo, rimarrà con un pugno di mosche in mano. E a chi obietta che se il popolo ha possedimenti al di fuori del castello e li vede bruciare, stanco del lungo assedio, si dimenticherà del suo signore, l'Autore risponde che un Principe potente e virtuoso saprà sempre come cavarsela, ad esempio dando speranza ai sudditi della brevità dell'assedio, facendoli intimorire per la crudeltà del nemico, o rimettendo al proprio posto i troppi arditi. Oltretutto il nemico deve per forza attaccare il Principe subito al suo arrivo quando gli animi dei suoi uomini sono caldi e pronti per la battaglia, poiché dopo qualche giorno senza aver inflitto grandi danni, e con gli animi raffreddati, per l'esercito assediante inizia a diffondersi lo sconforto.

I cittadini del contado, vedendo le proprie case in fiamme e in cenere, si stringeranno ancora di più intorno al Principe e combatteranno ancora più strenuamente per lui, perché egli a quel punto rappresenterà la loro unica possibilità.

Capitolo XI
I principati ecclesiastici

Restaci solamente, al presente, a ragionare de' principati ecclesiastici: circa quali tutte le difficultà sono avanti che si possegghino: perché si acquistano o per virtù o per fortuna, e sanza l'una e l'altra si mantengano; perché sono sustentati dalli ordini antiquati nella religione, quali sono suti tanto potenti e di qualità che tengono e' loro principi in stato, in qualunque modo si procedino e vivino. Costoro soli hanno stati, e non li defendano; sudditi, e non li governano: e li stati, per essere indifesi, non sono loro tolti; e li sudditi, per non essere governati, non se ne curano, né pensano né possono alienarsi da loro. Solo, adunque, questi principati sono sicuri e felici. Ma, sendo quelli retti da cagioni superiore, alla quale mente umana non aggiugne, lascerò el parlarne; perché, sendo esaltati e mantenuti da Dio, sarebbe offizio di uomo prosuntuoso e temerario discorrerne. Non di manco, se alcuno mi ricercassi donde viene che la Chiesia, nel temporale, sia venuta a tanta grandezza, con ciò sia che da Alessandro indrieto, e' potentati italiani, et non solum quelli che si chiamavono e' potentati, ma ogni barone e signore, benché minimo, quanto al temporale, la estimava poco, et ora uno re di Francia ne trema, e lo ha possuto cavare di Italia e ruinare Viniziani: la qual cosa, ancora che sia nota, non mi pare superfluo ridurla in buona parte alla memoria.

Avanti che Carlo re di Francia passassi in Italia, era questa provincia sotto lo imperio del papa, Viniziani, re di Napoli, duca di Milano e Fiorentini. Questi potentati avevano ad avere dua cure principali: l'una, che uno forestiero non entrassi in Italia con le arme; l'altra, che veruno di loro occupassi più stato. Quelli a chi si aveva più cura erano Papa e Viniziani. Et a tenere indrieto Viniziani, bisognava la unione di tutti li altri, come fu nella difesa di Ferrara; et a tenere basso el Papa, si servivano de' baroni di Roma: li quali, sendo divisi in due fazioni, Orsini e Colonnesi, sempre vi era cagione di scandolo fra loro; e, stando con le arme in mano in su li occhi al pontefice, tenevano el pontificato debole et infermo. E, benché surgessi qualche volta uno papa animoso, come fu Sisto, tamen la fortuna o il sapere non lo possé mai disobbligare da queste incomodità. E la brevità della vita loro n'era cagione; perché in dieci anni che, ragguagliato, viveva uno papa, a fatica che potessi sbassare una delle fazioni; e se, verbigrazia, l'uno aveva quasi spenti Colonnesi, surgeva un altro inimico alli Orsini, che li faceva resurgere, e li Orsini non era a tempo a spegnere. Questo faceva che le forze temporali del papa erano poco stimate in Italia. Surse di poi Alessandro VI, il quale, di tutt'i pontefici che sono stati mai, monstrò quanto uno papa, e con il danaio e con le forze, si poteva prevalere, e fece, con lo instrumento del duca Valentino e con la occasione della passata de' Franzesi, tutte quelle cose che io discorro di sopra nelle azioni del duca. E, benché lo intento suo non fussi fare grande la Chiesia, ma il duca, nondimeno ciò che fece tornò a grandezza della Chiesia; la quale, dopo la sua morte, spento el duca, fu erede delle sue fatiche. Venne di poi papa Iulio; e trovò la Chiesia grande, avendo tutta la Romagna e sendo spenti e' baroni di Roma e, per le battiture di Alessandro, annullate quelle fazioni; e trovò ancora la via aperta al modo dello accumulare danari, non mai più usitato da Alessandro indrieto.

Le quali cose Iulio non solum seguitò, ma accrebbe; e pensò a guadagnarsi Bologna e spegnere e' Viniziani et a cacciare Franzesi di Italia; e tutte queste imprese li riuscirono, e con tanta più sua laude, quanto fece ogni cosa per accrescere la Chiesia e non alcuno privato. Mantenne ancora le parti Orsine e Colonnese in quelli termini che le trovò; e benché tra loro fussi qualche capo da fare alterazione, tamen dua cose li ha tenuti fermi: l'una, la grandezza della Chiesia, che li sbigottisce; l'altra, el non avere loro cardinali, li quali sono origine de' tumulti infra loro. Né mai staranno quiete queste parti, qualunque volta abbino cardinali, perché questi nutriscono, in Roma e fuora, le parti, e quelli baroni sono forzati a defenderle: e cosí dalla ambizione de' prelati nascono le discordie e li tumulti infra e' baroni. Ha trovato adunque la Santità di papa Leone questo pontificato potentissimo: il quale si spera, se quelli lo feciono grande con le arme, questo, con la bontà e infinite altre sue virtù, lo farà grandissimo e venerando.

Spiegazione del Capitolo XI

I Principati ecclesiastici si acquistano per meriti o per fortuna ma si mantengono senza l'una né l'altra perché sorretti e convalidati dai dogmi antichi della religione. Questi dogmi permettono al Principe di mantenere lo Stato in qualsiasi modo egli lo governi. Questi Principi sono gli unici ad avere Stati e a non difenderli, ad avere sudditi e a non comandarli. I loro Stati, pur essendo indifesi, non vengono affatto assaliti e i sudditi, pur non essendo governati, non se ne curano. Solo questi Principati sono sicuri e felici. Tuttavia, essendo per l'autore questi Stati retti da una volontà superiore sarebbe ardito parlarne, per cui vengono tralasciati. Ma perché il regno del Papa è divenuto così potente? Prima di Alessandro VI in Italia c'erano i Veneziani, il Re di Napoli, il Papa, il Duca di Milano e di Firenze (potentati). Le preoccupazioni primarie erano due: nessun forestiero doveva entrare in Italia e nessuno di loro doveva estendere il suo dominio. Tra quei potentati, quelli che preoccupavano di più erano il Papa e i Veneziani; fino ad un dato momento, nessuno dei due era riuscito a sopraffare l'altro. Un Papa animoso fu Sisto IV, ma data la brevità della loro vita, i papi non riuscivano a fare azioni definitive. Con Alessandro VI, la Chiesa riuscì nel suo intento di spegnere i baroni romani, gli Orsini e i Colonna, grazie al Duca Valentino. La Chiesa divenne così effettivamente un grande stato e Papa Giulio continuò l'opera del predecessore: si guadagnò Bologna e cacciò i Veneziani e i Francesi. Arrivò poi il turno di Papa Leone X Medici, che si trovò in mano un papato potentissimo: fu un papa santo, che rese il papato grande in santità come i suoi predecessori lo resero grande in ricchezza.

Papa Leone X ovvero Giovanni de' Medici, 217° papa della Chiesa Cattolica. Secondogenito di Lorenzo de' Medici, portò alla corte pontificia lo splendore e i fasti tipici della cultura delle corti rinascimentali.

Capitolo XII
Tipologie di milizia e soldati mercenari

Avendo discorso particularmente tutte le qualità di quelli principati de' quali nel principio proposi di ragionare, e considerato in qualche parte le cagioni del bene e del male essere loro, e monstro e' modi con li quali molti hanno cerco di acquistarli e tenerli, mi resta ora a discorrere generalmente le offese e difese che in ciascuno de' prenominati possono accadere. Noi abbiamo detto di sopra, come a uno principe è necessario avere e' sua fondamenti buoni; altrimenti, conviene che rovini. E' principali fondamenti che abbino tutti li stati, così nuovi come vecchi o misti, sono le buone legge e le buone arme. E perché non può essere buone legge dove non sono buone arme, e dove sono buone arme conviene sieno buone legge, io lascerò indrieto il ragionare delle legge e parlerò delle arme.

Dico, adunque, che l'arme con le quali uno principe defende el suo stato, o le sono proprie o le sono mercennarie, o ausiliarie o miste. Le mercennarie et ausiliarie sono inutile e periculose; e, se uno tiene lo stato suo fondato in sulle arme mercennarie, non starà mai fermo né sicuro; perché le sono disunite, ambiziose, sanza disciplina, infedele; gagliarde fra' li amici; fra' nimici, vile; non timore di Dio, non fede con li uomini, e tanto si differisce la ruina quanto si differisce lo assalto; e nella pace se' spogliato da loro, nella guerra da' nimici. La cagione di questo è, che le non hanno altro amore né altra cagione che le tenga in campo, che uno poco di stipendio, il quale non è sufficiente a fare che voglino morire per te. Vogliono bene essere tuoi soldati mentre che tu non fai guerra; ma, come la guerra viene, o fuggirsi o andarsene. La qual cosa doverrei durare poca fatica a persuadere, perché ora la ruina di Italia non è causata da altro che per essere in spazio di molti anni riposatasi in sulle arme mercennarie. Le quali feciono già per qualcuno qualche progresso, e parevano gagliarde infra loro; ma, come venne el forestiero, le mostrorono quello che elle erano. Onde che a Carlo re di Francia fu licito pigliare la Italia col gesso; e chi diceva come e' n'erano cagione e' peccati nostri, diceva il vero; ma non erano già quelli che credeva, ma questi che io ho narrati: e perché elli erano peccati di principi, ne hanno patito la pena ancora loro.

Io voglio dimonstrare meglio la infelicità di queste arme. E' capitani mercennarii, o sono uomini eccellenti, o no: se sono, non te ne puoi fidare, perché sempre aspireranno alla grandezza propria, o con lo opprimere te che li se' patrone, o con opprimere altri fuora della tua intenzione; ma, se non è il capitano virtuoso, ti rovina per l'ordinario. E se si responde che qualunque arà le arme in mano farà questo, o mercennario o no, replicherei come l'arme hanno ad essere operate o da uno principe o da una repubblica. El principe debbe andare in persona, e fare lui l'offizio del capitano; la repubblica ha a mandare sua cittadini; e quando ne manda uno che non riesca valente uomo, debbe cambiarlo; e quando sia, tenerlo con le leggi che non passi el segno. E per esperienzia si vede a' principi soli e repubbliche armate fare progressi grandissimi, et alle arme mercennarie non fare mai se non danno. E con più difficultà viene alla obedienza di uno suo cittadino una repubblica armata di arme proprie, che una armata di armi esterne.

Stettono Roma e Sparta molti secoli armate e libere. Svizzeri sono armatissimi e liberissimi. Delle arme mercennarie antiche in exemplis sono Cartaginesi; li quali furono per essere oppressi da' loro soldati mercennarii, finita la prima guerra con li Romani, ancora che

Cartaginesi avessino per capi loro proprii cittadini. Filippo Macedone fu fatto da' Tebani, dopo la morte di Epaminunda, capitano delle loro gente; e tolse loro, dopo la vittoria, la libertà. Milanesi, morto il duca Filippo, soldorono Francesco Sforza contro a' Viniziani; il quale, superati li inimici a Caravaggio, si congiunse con loro per opprimere e' Milanesi suoi patroni. Sforza suo padre, sendo soldato della regina Giovanna di Napoli, la lasciò in un tratto disarmata; onde lei, per non perdere el regno, fu constretta gittarsi in grembo al re di Aragonia. E, se Viniziani e Fiorentini hanno per lo adrieto cresciuto lo imperio loro con queste arme, e li loro capitani non se ne sono però fatti principi ma li hanno difesi, respondo che Fiorentini in questo caso sono suti favoriti dalla sorte; perché de' capitani virtuosi, de' quali potevano temere, alcuni non hanno vinto, alcuni hanno avuto opposizione, altri hanno volto la ambizione loro altrove. Quello che non vinse fu Giovanni Aucut, del quale, non vincendo, non si poteva conoscere la fede; ma ognuno confesserà che, vincendo, stavano Fiorentini a sua discrezione. Sforza ebbe sempre e' Bracceschi contrarii, che guardorono l'uno l'altro. Francesco volse l'ambizione sua in Lombardia; Braccio contro alla Chiesia et il regno di Napoli. Ma vegniamo a quello che è seguito poco tempo fa. Feciono Fiorentini Paulo Vitelli loro capitano, uomo prudentissimo, e che di privata fortuna aveva presa grandissima reputazione. Se costui espugnava Pisa, veruno fia che nieghi come conveniva a' Fiorentini stare seco; perché, se fussi diventato soldato di loro nemici, non avevano remedio; e se lo tenevano, aveano ad obedirlo. Viniziani, se si considerrà e' progressi loro, si vedrà quelli avere securamente e gloriosamente operato mentre ferono la guerra loro proprii: che fu avanti che si volgessino con le loro imprese in terra: dove co' gentili uomini e con la plebe armata operorono virtuosissimamente; ma, come cominciorono a combattere in terra, lasciorono questa virtù, e seguitorono e' costumi delle guerre di Italia. E nel principio dello augumento loro in terra, per non vi avere molto stato e per essere in grande reputazione, non aveano da temere molto de' loro capitani; ma, come ellino ampliorono, che fu sotto el Carmignola, ebbono uno saggio di questo errore. Perché, vedutolo virtuosissimo, battuto che ebbono sotto il suo governo el duca di Milano, e conoscendo da altra parte come elli era raffreddo nella guerra, iudicorono con lui non potere più vincere, perché non voleva, né potere licenziarlo, per non riperdere ciò che aveano acquistato; onde che furono necessitati, per assicurarsene, ammazzarlo. Hanno di poi avuto per loro capitani Bartolomeo da Bergamo, Ruberto da San Severino, Conte di Pitigliano, e simili; con li quali aveano a temere della perdita, non del guadagno loro: come intervenne di poi a Vailà, dove, in una giornata, perderono quello che in ottocento anni, con tanta fatica, avevano acquistato. Perché da queste armi nascono solo e' lenti, tardi e deboli acquisti, e le subite e miraculose perdite. E, perché io sono venuto con questi esempli in Italia, la quale è stata governata molti anni dalle arme mercennarie, le voglio discorrere, e più da alto, acciò che, veduto l'origine e progressi di esse, si possa meglio correggerle.

Avete dunque a intendere come, tosto che in questi ultimi tempi lo imperio cominciò a essere ributtato di Italia, e che il papa nel temporale vi prese più reputazione, si divise la Italia in più stati; perché molte delle città grosse presono l'arme contra a' loro nobili, li quali, prima favoriti dallo imperatore, le tennono oppresse; e la Chiesia le favoriva per darsi reputazione nel temporale; di molte altre e' loro cittadini ne diventorono principi. Onde che, essendo venuta l'Italia quasi che nelle mani della Chiesia e di qualche Repubblica, et essendo quelli preti e quelli altri cittadini usi a non conoscere arme, cominciorono a soldare forestieri. El primo che dette reputazione a questa milizia fu Alberigo da Conio, romagnolo. Dalla disciplina di costui discese, intra li altri, Braccio e Sforza, che ne' loro tempi furono arbitri di Italia. Dopo questi, vennono tutti li altri che fino a' nostri tempi hanno governato queste arme. Et il fine della loro virtù è stato, che Italia è suta corsa da Carlo, predata da Luigi, sforzata da Ferrando e vituperata da' Svizzeri. L'ordine che ellino hanno tenuto, è stato, prima, per dare reputazione a loro proprii, avere tolto reputazione alle fanterie. Feciono questo, perché, sendo sanza stato et in sulla industria, e' pochi fanti non davano loro reputazione, e li assai non potevano nutrire; e però si ridussono a' cavalli, dove con numero sopportabile erano nutriti et onorati. Et erono ridotte le cose in termine, che in uno esercito di ventimila soldati non si trovava dumila fanti. Avevano, oltre a questo, usato ogni industria per levare a sé et a' soldati la fatica e la paura, non si ammazzando nelle zuffe, ma pigliandosi prigioni e sanza taglia. Non traevano la notte alle terre; quelli delle terre non traevano alle tende; non facevano intorno al campo né steccato né fossa; non campeggiavano el verno. E tutte queste cose erano permesse ne' loro ordini militari, e trovate da loro per fuggire, come è detto, e la fatica e li pericoli: tanto che li hanno condotta Italia stiava e vituperata.

Spiegazione del Capitolo XII

Dopo aver esaurito il tema del Principato, a Machiavelli non resta che parlare degli attacchi e delle difese che ogni Principato è in grado di mettere in campo. Abbiamo spiegato come a un Principe, per mantenere il suo Stato, siano necessarie diverse tipologie di fondamenta, ma le principali sono costituite da buone leggi e buone armi. Siccome non ci può essere una buona legge senza che esista un buon esercito (che difenda il territorio dove quella legge è in vigore e al contempo si preoccupi di imporre la stessa legge), si tralascerà di parlare della legge, per focalizzarsi sul parlare delle armi.

Gli eserciti possono essere dei seguenti tipi:

Proprio
Mercenario
Ausiliario
Misto

Gli eserciti *mercenari* e *ausiliari* sono inutili, anzi peggio, pericolosi, perché i loro componenti sono spesso disuniti, ambiziosi, senza disciplina, infedeli. Uno Stato non si potrà mai reggere su di essi perché non hanno altro amore che per quel poco di denaro che ottengono come ricompensa, e ciò non basta perché i soldati vogliano offrire la loro vita per il principe o per lo stato. Essi vogliono essere tuoi soldati in tempo di pace, per poi disertare in tempo di guerra.

L'uso dei mercenari è stato secondo Machiavelli la rovina dell'Italia, poiché proprio a causa dell'impiego da parte dell'Italia di eserciti mercenari i francesi di Carlo poterono entrare. I Veneziani fecero gloriose imprese perché avevano un esercito proprio, ma a un certo punto si affidarono al Carmagnola (Francesco Bussone) per le questioni belliche; Bussone era un condottiero mercenario che prestò prima al servizio dei Visconti di Milano poi passò dalla parte dei veneziani, in guerra con Milano. Di comportamento ambiguo e tentennante sul campo, venne giustiziato dai Veneziani per tradimento, ma questo non fermò il lento declino di Venezia, al punto che l'unica potenza che rimase in Italia fu il Papa, il quale riempì l'Italia di mercenari.

A supporto della sua tesi contro gli eserciti mercenari, Machiavelli porta un'ulteriore dimostrazione. Secondo l'autore, i capitani mercenari possono essere uomini eccellenti oppure no, ma in ogni caso non ci si deve fidare di loro, a maggior ragione se sono capitani eccellenti: essi aspireranno alla propria grandezza, tenteranno di tenere in soggezione il Principe o altre figure in contrasto con la volontà del Principe. Si può obiettare che qualsiasi capitano, anche non mercenario, sia così, ma l'autore risponde che le milizie sono controllate dal Principe o da una Repubblica. Il Principe sceglie di persona il proprio capitano e la Repubblica i suoi cittadini che, mediante leggi, ne controllino il potere. L'esperienza che si annota nei libri di storia è ben chiara: Principi e Repubbliche ben armate fanno grandi progressi, mentre invece i mercenari provocano solo danni. E una Repubblica armata di armi proprie costringe i cittadini all'obbedienza con più facilità. Roma e Sparta, che avevano i propri eserciti con comandanti cresciuti in casa, furono libere per molti secoli; lo stesso vale per la Svizzera contemporanea a Machiavelli, *armatissima e liberissima*.

Chi invece - proprio come successe a Cartagine - affidò la gestione degli eserciti ad un mercenario, si ritrovò quasi sempre imprigionato dopo la vittoria. È quello che successe con Filippo il Macedone o a Milano con Francesco Sforza. Segue quindi una breve storia d'Italia focalizzata sul tema degli eserciti mercenari. L'Italia è divisa in più Stati e quasi tutta sta nelle mani della Chiesa e di qualche Repubblica: dal momento che i preti e gli altri cittadini non erano abituati a trattare le milizie, cominciarono ad assoldare forestieri esperti in questo campo. Il primo fu Alberigo conte di Cumio, che inaugurò un processo di mercenarizzazione delle milizie italiane che si concluse con un l'Italia vituperata da Carlo VIII, Luigi XII, Ferdinando il Cattolico e gli Svizzeri.

FRANCESCO CARMAGNOLA

Francesco Bussone, detto Il Carmagnola, in un ritratto del 1646

Capitolo XIII
Soldati ausiliari, misti e propri

L'armi ausiliarie, che sono l'altre armi inutili, sono quando si chiama uno potente che con le arme sue ti venga ad aiutare e defendere: come fece ne' prossimi tempi papa Iulio; il quale, avendo visto nella impresa di Ferrara la trista pruova delle sue armi mercennarie, si volse alle ausiliarie, e convenne con Ferrando re di Spagna che con le sua gente et eserciti dovesse aiutarlo. Queste arme possono essere utile e buone per loro medesime, ma sono, per chi le chiama, quasi sempre dannose: perché, perdendo rimani disfatto, vincendo, resti loro prigione. Et ancora che di questi esempli ne siano piene le antiche istorie, non di manco io non mi voglio partire da questo esemplo fresco di papa Iulio II; el partito del quale non possé essere manco considerato, per volere Ferrara, cacciarsi tutto nelle mani d'uno forestiere. Ma la sua buona fortuna fece nascere una terza cosa, acciò non cogliessi el frutto della sua mala elezione: perché, sendo li ausiliari sua rotti a Ravenna, e surgendo e' Svizzeri che cacciorono e' vincitori, fuora d'ogni opinione e sua e d'altri, venne a non rimanere prigione delli inimici, sendo fugati, né delli ausiliarii sua, avendo vinto con altre arme che con le loro. Fiorentini, sendo al tutto disarmati, condussono diecimila Franzesi a Pisa per espugnarla: per il quale partito portorono più pericolo che in qualunque tempo de' travagli loro. Lo imperatore di Costantinopoli, per opporsi alli sua vicini, misse in Grecia diecimila Turchi; li quali, finita la guerra, non se ne volsono partire: il che fu principio della servitù di Grecia con li infedeli.

Colui, adunque, che vuole non potere vincere, si vaglia di queste arme, perché sono molto più pericolose che le mercennarie: perché in queste è la ruina fatta: sono tutte unite, tutte volte alla obedienza di altri; ma nelle mercennarie, ad offenderti, vinto che le hanno, bisogna più tempo e maggiore occasione, non sendo tutto uno corpo, et essendo trovate e pagate da te; nelle quali uno terzo che tu facci capo, non può pigliare subito tanta autorità che ti offenda. In somma, nelle mercennarie è più pericolosa la ignavia, nelle ausiliarie, la virtù.

Uno principe, per tanto, savio, sempre ha fuggito queste arme, e voltosi alle proprie; et ha volsuto più tosto perdere con li sua che vincere con li altri, iudicando non vera vittoria quella che con le armi aliene si acquistassi. Io non dubiterò mai di allegare Cesare Borgia e le sue azioni. Questo duca intrò in Romagna con le armi ausiliarie, conducendovi tutte gente franzese, e con quelle prese Imola e Furlí, ma non li parendo poi tale arme sicure, si volse alle mercennarie, iudicando in quelle manco periculo; e soldò li Orsini e Vitelli. Le quali poi nel maneggiare trovando dubie et infideli e periculose, le spense, e volsesi alle proprie. E puossi facilmente vedere che differenzia è infra l'una e l'altra di queste arme, considerato che differenzia fu dalla reputazione del duca, quando aveva Franzesi soli e quando aveva li Orsini e Vitelli, a quando rimase con li soldati sua e sopr'a sé stesso e sempre si troverrà accresciuta; né mai fu stimato assai, se non quando ciascuno vidde che lui era intero possessore delle sue arme.

Io non mi volevo partire dalli esempli italiani e freschi; tamen non voglio lasciare indrieto Ierone Siracusano, sendo uno de' soprannominati da me. Costui, come io dissi, fatto da' Siracusani capo delli eserciti, conobbe subito quella milizia mercennaria non essere utile, per essere conduttieri fatti come li nostri italiani; e, parendoli non li possere tenere né lasciare, li fece tutti tagliare a pezzi: e di poi fece guerra con le arme sua e non con le aliene. Voglio ancora ridurre a memoria una figura del Testamento Vecchio fatta a questo proposito. Offerendosi David a Saul di andare a combattere con Golia, provocatore filisteo, Saul, per dargli animo, l'armò dell'arme sua, le quali, come David ebbe indosso, recusò, dicendo con quelle non si potere bene valere di sé stesso, e però voleva trovare el nimico con la sua fromba e con il suo coltello.

In fine, l'arme d'altri, o le ti caggiono di dosso o le ti pesano o le ti stringano. Carlo VII, padre del re Luigi XI, avendo, con la sua fortuna e virtù, libera Francia dalli Inghilesi, conobbe questa necessità di armarsi di arme proprie, e ordinò nel suo regno l'ordinanza delle gente d'arme e delle fanterie. Di poi el re Luigi suo figliuolo spense quella de' fanti, e cominciò a soldare Svizzeri: il quale errore, seguitato dalli altri, è, come si vede ora in fatto, cagione de' pericoli di quello regno. Perché, avendo dato reputazione a' Svizzeri, ha invilito tutte l'arme sua; perché le fanterie ha spento e le sua gente d'arme ha obligato alle arme d'altri; perché, sendo assuefatte a militare con Svizzeri, non par loro di potere vincere sanza essi. Di qui nasce che Franzesi contro a Svizzeri non bastano, e sanza Svizzeri, contro ad altri non pruovano. Sono dunque stati li eserciti di Francia misti, parte mercennarii e parte proprii: le quali arme tutte insieme sono molto migliori che le semplici ausiliarie o le semplici mercennarie, e molto inferiore alle proprie. E basti lo esemplo detto; perché el regno di Francia sarebbe insuperabile, se l'ordine di Carlo era accresciuto o preservato. Ma la poca prudenzia delli uomini comincia una cosa, che, per sapere allora di buono, non si accorge del veleno che vi è sotto: come io dissi, di sopra delle febbre etiche.

Per tanto colui che in uno principato non conosce e' mali quando nascono, non è veramente savio; e questo è dato a pochi. E, se si considerassi la prima ruina dello Imperio romano, si troverrà essere suto solo cominciare a soldare e' Goti; perché da quello principio cominciorono a enervare le forze dello Imperio romano; e tutta quella virtù che si levava da lui si dava a loro. Concludo, adunque, che, sanza avere arme proprie, nessuno principato è sicuro; anzi è tutto obligato alla fortuna, non avendo virtù che nelle avversità lo difenda. E fu sempre opinione e sentenzia delli uomini savi, quod nihil sit tam infirmum aut instabile quam fama potentiae non sua vi nixa. E l'arme proprie son quelle che sono composte o di sudditi o di cittadini o di creati tua: tutte l'altre sono o mercennarie o ausiliarie. Et il modo ad ordinare l'arme proprie sarà facile a trovare, se si discorrerà li ordini de' quattro sopra nominati da me, e se si vedrà come Filippo, padre di Alessandro Magno, e come molte repubbliche e principi si sono armati et ordinati: a' quali ordini io al tutto mi rimetto.

Spiegazione del Capitolo XIII

L'altra tipologia di milizia completamente inutile e dannosa per gli scopi del principato è quella ausiliaria. Le milizie ausiliarie sono quelle per le quali si chiama un potente vicino in aiuto. Queste milizie possono anche essere sufficienti, ma nel medio-lungo periodo finiscono per danneggiare il Principe che le ha chiamate: se si vince, si è vinto grazie a queste milizie ed è quindi molto probabile che si resti in balia o addirittura prigionieri delle milizie ausiliarie accorse in nostro soccorso. L'imperatore di Costantinopoli ad esempio, per combattere i propri nemici, mobilitò 10.000 turchi in Grecia: questi, una volta sconfitto il nemico, non se ne vollero più andare e questo coincise con l'inizio del dominio turco in Grecia.

Le milizie ausiliarie sono inoltre più pericolose delle mercenarie, perché sono unite, compatte e ubbidienti a un solo capitano; alle altre, invece, non essendo parte di un corpo unito, per sopraffare chi le ha assoldate occorre maggiore occasione. Dunque nelle mercenarie è più pericolosa l'ignavia, nelle ausiliarie la virtù.

Un Principe savio si rivolgerà alle proprie milizie, perché non giudicherà essere vera vittoria quella acquistata con le milizie altrui. A sostegno di questo punto, Machiavelli porta l'esempio del Duca Valentino, ovvero Cesare Borgia: egli, forte dell'apporto delle truppe francesi, conquistò Imola e Forlì, ma non ritenendosi sicuro come luogotenente del re di Francia, decise di assoldare gli Orsini e i Vitelli, i quali, però, gli si rivoltarono contro. Sistemò la questione uccidendo i capi della rivolta con l'episodio diventato famoso come la strage di Senigallia.
Seguono poi esempi simili come quello di Gerone I di Siracusa, che dopo aver raggiunto il potere sterminò le armate di mercenari per sostituirle con milizie proprie; o come quello preso direttamente dal Vecchio Testamento, in cui Davide, per affrontare Golia, non utilizzerà le armi offerte dal re Saul (che poi soppianterà), ma la propria fionda.

Tuttavia, anche le armi miste, sebbene siano superiori sia alle mercenarie sia alle ausiliarie, sono dannose e di molto inferiori alle proprie. Carlo VII sapeva quanto fosse importante avere eserciti propri e si adoperò di conseguenza. Il figlio Luigi XI invece iniziò a fare affidamento sui mercenari svizzeri, portando la Francia a una condizione tale per cui gli eserciti francesi non possono battere quelli svizzeri, mentre senza ausilio svizzero si ritrovano a poter fare ben poco anche contro altri. Se Luigi avesse continuato l'opera di fortificazione delle armate francesi iniziata dal padre Carlo, a questo punto il regno di Francia sarebbe stato invincibile.

Il Principe che non riesce a riconoscere i mali quando nascono non è mai realmente saggio, e questo tipo di saggezza è concessa a pochi regnanti.

Un altro esempio portato dal Machiavelli riguarda la ragione principale della rovina dell'Impero Romano, ovvero l'aver assoldato le truppe dei Goti. Oltre a farle entrare all'interno dell'Impero, questo ha anche più o meno direttamente indebolito l'esercito proprio. L'autore conclude quindi dicendo che chi non ha milizie proprie non ha di norma uno Stato sicuro, perché lascia in questo modo tutto nelle mani della sola fortuna, e non della virtù, che invece è l'unica cosa in grado di difendere efficacemente lo Stato in momenti di avversità.

Capitolo XIV
Ciò che conviene fare a un Principe circa la milizia

Debbe adunque uno principe non avere altro obietto né altro pensiero, né prendere cosa alcuna per sua arte, fuora della guerra et ordini e disciplina di essa; perché quella è sola arte che si espetta a chi comanda. Et è di tanta virtù, che non solamente mantiene quelli che sono nati principi, ma molte volte fa li uomini di privata fortuna salire a quel grado; e per avverso si vede che, quando e' principi hanno pensato più alle delicatezze che alle arme, hanno perso lo stato loro. E la prima cagione che ti fa perdere quello, è negligere questa arte; e la cagione che te lo fa acquistare, è lo essere professo di questa arte.

Francesco Sforza, per essere armato, di privato diventò duca di Milano; e' figliuoli, per fuggire e' disagi delle arme, di duchi diventorono privati. Perché, intra le altre cagioni che ti arreca di male lo essere disarmato, ti fa contennendo: la quale è una di quelle infamie dalle quali el principe si debbe guardare, come di sotto si dirà. Perché da uno armato a uno disarmato non è proporzione alcuna; e non è ragionevole che chi è armato obedisca volentieri a chi è disarmato, e che il disarmato stia sicuro intra servitori armati. Perché, sendo nell'uno sdegno e nell'altro sospetto, non è possibile operino bene insieme. E però uno principe che della milizia non si intenda, oltre alle altre infelicità, come è detto, non può essere stimato da' sua soldati né fidarsi di loro.

Debbe per tanto mai levare il pensiero da questo esercizio della guerra, e nella pace vi si debbe più esercitare che nella guerra: il che può fare in dua modi; l'uno con le opere, l'altro con la mente. E, quanto alle opere, oltre al tenere bene ordinati et esercitati li sua, debbe stare sempre in sulle caccie, e mediante quelle assuefare el corpo a' disagi; e parte imparare la natura de' siti, e conoscere come surgono e' monti, come imboccano le valle, come iacciono e' piani, et intendere la natura de' fiumi e de' paduli, et in questo porre grandissima cura. La quale cognizione è utile in dua modi. Prima, s'impara a conoscere el suo paese, e può meglio intendere le difese di esso; di poi, mediante la cognizione e pratica di quelli siti, con facilità comprendere ogni altro sito che di nuovo li sia necessario speculare: perché li poggi, le valli, e' piani, e' fiumi, e' paduli che sono, verbigrazia, in Toscana, hanno con quelli dell'altre provincie certa similitudine: tal che dalla cognizione del sito di una provincia si può facilmente venire alla cognizione dell'altre. E quel principe che manca di questa perizia, manca della prima parte che vuole avere uno capitano; perché questa insegna trovare el nimico, pigliare li alloggiamenti, condurre li eserciti, ordinare le giornate, campeggiare le terre con tuo vantaggio.

Filopemene, principe delli Achei, intra le altre laude che dalli scrittori li sono date, è che ne' tempi della pace non pensava mai se non a' modi della guerra; e, quando era in campagna con li amici, spesso si fermava e ragionava con quelli. – Se li nimici fussino in su quel colle, e noi ci trovassimo qui col nostro esercito, chi di noi arebbe vantaggio? come si potrebbe ire, servando li ordini, a trovarli? se noi volessimo ritirarci, come aremmo a fare? se loro si ritirassino, come aremmo a seguirli? – E proponeva loro, andando, tutti e' casi che in uno esercito possono occorrere; intendeva la opinione loro, diceva la sua, corroboravala con le ragioni: tal che, per queste continue cogitazioni, non posseva mai, guidando li eserciti, nascere accidente alcuno, che lui non avessi el remedio.

Ma quanto allo esercizio della mente, debbe el principe leggere le istorie, et in quelle considerare le azioni delli uomini eccellenti, vedere come si sono governati nelle guerre, esaminare le cagioni della vittoria e perdite loro, per potere queste fuggire, e quelle imitare; e sopra tutto fare come ha fatto per l'adrieto qualche uomo eccellente, che ha preso ad imitare se alcuno innanzi a lui è stato laudato e gloriato, e di quello ha tenuto sempre e' gesti et azioni appresso di sé: come si dice che Alessandro Magno imitava Achille; Cesare Alessandro; Scipione Ciro. E qualunque legge la vita di Ciro scritta da Senofonte, riconosce di poi nella vita di Scipione quanto quella imitazione li fu di gloria, e quanto, nella castità, affabilità, umanità, liberalità Scipione si conformassi con quelle cose che di Ciro da Senofonte sono sute scritte. Questi simili modi debbe osservare uno principe savio, e mai ne' tempi pacifici stare ozioso, ma con industria farne capitale, per potersene valere nelle avversità, acciò che, quando si muta la fortuna, lo truovi parato a resisterle.

Spiegazione del Capitolo XIV

Così il Principe deve avere la guerra come unico interesse, come unica arte in cui esercitarsi. Questo perché la guerra è l'unico mezzo in grado di mantenere i Principi sul trono, o addirittura di prendere dei normali cittadini e trasformarli in regnanti. Infatti, si può notare come ogni volta che i Principi si sono preoccupati più delle frivolezze che delle guerre, hanno perso il controllo del potere e dello Stato. Insomma, la ragione prima della perdita del potere su uno Stato è la mancata conoscenza dell'arte della guerra, mentre quello che permette di acquisire il controllo su uno stato è proprio l'esserne pratici. Non esiste infatti sfida tra un uomo armato e uno disarmato ed è ragionevole pensare che difficilmente assisteremo alla condizione in cui un uomo armato obbedisca ad uno disarmato. Il Principe deve dunque esercitarsi sempre nella guerra, e il suo esercizio e la sua formazione sul tema devono essere addirittura più persistenti nei periodi di pace che in quelli di guerra. Egli potrà mantenersi in forma nell'arte della guerra in due modi: con la mente e con le azioni.

Nel primo caso, il Principe deve leggere le storie antiche (biografie, cronache, etc) e meditare sulle azioni di uomini eccellenti, esaminare i motivi delle vittorie e delle sconfitte per potere imitare le vittorie e eliminare le probabilità di sconfitta. Il Principe in periodo di pace non deve essere mai in preda all'ozio o a impegni frivoli, ma deve essere preparato alle avversità.

Per quanto riguarda la seconda modalità, il Principe deve tenere sempre la milizia in ottima forma, esercitarla, simulare azioni di guerra, e lui stesso deve partecipare a molte battute di caccia, perché questo da un lato farà abituare il suo corpo ai disagi della vita da campo, dall'altro gli farà imparare a comprendere la natura del territorio che lo circonda. Questo tipo di conoscenza è utile in due modi: prima egli imparerà a conoscere la propria città e il proprio contado, poi, per comparazione e paragone, imparerà a comprendere anche luoghi simili ma in territori lontani, trovandone le similitudini: esistono delle caratteristiche che sono simili se non medesime in ogni bosco, in ogni valle, in ogni altura. Conoscendo boschi, valli, alture del proprio territorio, il principe sarà più vicino alla comprensione di boschi, valli ed alture di altri territori. Un Principe che non conosce i campi di battaglia, non conoscerà mai il suo nemico.

Capitolo XV
Ciò per cui gli uomini e i Principi sono o lodati o biasimati

Resta ora a vedere quali debbano essere e' modi e governi di uno principe con sudditi o con li amici. E, perché io so che molti di questo hanno scritto, dubito, scrivendone ancora io, non essere tenuto prosuntuoso, partendomi, massime nel disputare questa materia, dalli ordini delli altri. Ma, sendo l'intento mio scrivere cosa utile a chi la intende, mi è parso più conveniente andare drieto alla verità effettuale della cosa, che alla immaginazione di essa. E molti si sono immaginati repubbliche e principati che non si sono mai visti né conosciuti essere in vero; perché elli è tanto discosto da come si vive a come si doverrebbe vivere, che colui che lascia quello che si fa per quello che si doverrebbe fare, impara più tosto la ruina che la perservazione sua: perché uno uomo che voglia fare in tutte le parte professione di buono, conviene rovini infra tanti che non sono buoni. Onde è necessario a uno principe, volendosi mantenere, imparare a potere essere non buono, et usarlo e non usare secondo la necessità.

Lasciando adunque indrieto le cose circa uno principe immaginate, e discorrendo quelle che sono vere, dico che tutti li uomini, quando se ne parla, e massime e' principi, per essere posti più alti, sono notati di alcune di queste qualità che arrecano loro o biasimo o laude. E questo è che alcuno è tenuto liberale, alcuno misero (usando uno termine toscano, perché avaro in nostra lingua è ancora colui che per rapina desidera di avere, misero chiamiamo noi quello che si astiene troppo di usare il suo); alcuno è tenuto donatore, alcuno rapace; alcuno crudele, alcuno pietoso; l'uno fedifrago, l'altro fedele; l'uno effeminato e pusillanime, l'altro feroce et animoso; l'uno umano, l'altro superbo; l'uno lascivo, l'altro casto; l'uno intero, l'altro astuto; l'uno duro, l'altro facile; l'uno grave l'altro leggieri; l'uno relligioso, l'altro incredulo, e simili. Et io so che ciascuno confesserà che sarebbe laudabilissima cosa uno principe trovarsi di tutte le soprascritte qualità, quelle che sono tenute buone: ma, perché non si possono avere né interamente osservare, per le condizioni umane che non lo consentono, li è necessario essere tanto prudente che sappia fuggire l'infamia di quelle che li torrebbano lo stato, e da quelle che non gnene tolgano guardarsi, se elli è possibile; ma, non possendo, vi si può con meno respetto lasciare andare. Et etiam non si curi di incorrere nella infamia di quelli vizii sanza quali possa difficilmente salvare lo stato; perché, se si considerrà bene tutto, si troverrà qualche cosa che parrà virtù, e seguendola sarebbe la ruina sua; e qualcuna altra che parrà vizio, e seguendola ne riesce la securtà et il bene essere suo.

Spiegazione del Capitolo XV

Rimane ora da discutere come il Principe debba trattare amici e sudditi. Molti già hanno scritto dei doveri di un Principe nei confronti dei suoi sudditi e molti hanno immaginato Repubbliche e Principati utopici dove tutto è pensato per il meglio: se un Principe prende esempio da queste situazioni utopiche rischierà di perdere tutto quello per cui ha lavorato, perché è di fatto impossibile far sempre tutto bene. Perciò è necessario al Principe sia essere buono sia non buono, a seconda delle situazioni. L'autore sostiene che gli uomini e i principi, ogni volta che ricoprono un incarico importante, sono notati ed etichettati con termini che li indicano con biasimo o con lode: liberale o misero, caritatevole o rapace, crudele o pietoso, fedifrago o fedele, pusillanime o audace, feroce o animoso, umano o superbo, lascivo o casto, leale o sleale, duro o facile, grave o leggero, religioso o ateo, ecc. Machiavelli sa che tutti pensano che sarebbe una cosa buonissima che un Principe annoveri in sé solo le qualità buone fra quelle citate, ma, essendo umano e non potendole avere tutte, è necessario almeno che il principe sia abbondantemente prudente, e se è possibile, che faccia di tutto per liberarsi della forma del vizioso.

Inoltre, al Principe non dovrà interessare troppo se, per via dei vizi necessari al mantenimento del dominio sullo stato, verrà giudicato in maniera negativa: il fatto che vi siano virtù che anziché facilitare la gestione dello stato, ne rendono più semplice la rovina, è una circostanza più frequente di quello che si pensi.

Capitolo XVI
Liberalità e la parsimonia del principe

Cominciandomi, adunque alle prime soprascritte qualità dico come sarebbe bene essere tenuto liberale: non di manco, la liberalità, usata in modo che tu sia tenuto, ti offende; perché se ella si usa virtuosamente e come la si debbe usare, la non fia conosciuta, e non ti cascherà l'infamia del suo contrario. E però, a volersi mantenere infra li uomini el nome del liberale, è necessario non lasciare indrieto alcuna qualità di suntuosità; talmente che, sempre uno principe cosí fatto consumerà in simili opere tutte le sue facultà; e sarà necessitato alla fine, se si vorrà mantenere el nome del liberale, gravare e' populi estraordinariamente et essere fiscale, e fare tutte quelle cose che si possono fare per avere danari. Il che comincerà a farlo odioso con sudditi, e poco stimare da nessuno, diventando povero; in modo che, con questa sua liberalità avendo offeso li assai e premiato e' pochi, sente ogni primo disagio, e periclita in qualunque primo periculo: il che conoscendo lui, e volendosene ritrarre, incorre subito nella infamia del misero.

Uno principe, adunque, non potendo usare questa virtù del liberale sanza suo danno, in modo che la sia conosciuta, debbe, s'elli è prudente, non si curare del nome del misero: perché col tempo sarà tenuto sempre più liberale, veggendo che con la sua parsimonia le sua intrate li bastano, può defendersi da chi li fa guerra, può fare imprese sanza gravare e' populi; talmente che viene a usare liberalità a tutti quelli a chi non toglie, che sono infiniti, e miseria a tutti coloro a chi non dà, che sono pochi. Ne' nostri tempi noi non abbiamo veduto fare gran cose se non a quelli che sono stati tenuti miseri; li altri essere spenti. Papa Iulio II, come si fu servito del nome del liberale per aggiugnere al papato, non pensò poi a mantenerselo, per potere fare guerra. El re di Francia presente ha fatto tante guerre sanza porre uno dazio estraordinario a' sua, solum perché alle superflue spese ha sumministrato la lunga parsimonia sua. El re di Spagna presente, se fussi tenuto liberale, non arebbe fatto né vinto tante imprese.

Per tanto, uno principe debbe esistimare poco, per non avere a rubare e' sudditi, per potere defendersi, per non diventare povero e contennendo, per non essere forzato di diventare rapace, di incorrere nel nome del misero; perché questo è uno di quelli vizii che lo fanno regnare. E se alcuno dicessi: Cesare con la liberalità pervenne allo imperio, e molti altri, per essere stati et essere tenuti liberali, sono venuti a gradi grandissimi; rispondo: o tu se' principe fatto, o tu se' in via di acquistarlo: nel primo caso, questa liberalità è dannosa; nel secondo, è bene necessario essere tenuto liberale. E Cesare era uno di quelli che voleva pervenire al principato di Roma; ma, se, poi che vi fu venuto, fussi sopravvissuto, e non si fussi temperato da quelle spese, arebbe destrutto quello imperio. E se alcuno replicassi: molti sono stati principi, e con li eserciti hanno fatto gran cose, che sono stati tenuti liberalissimi; ti respondo: o el principe spende del suo e de' sua sudditi, o di quello d'altri; nel primo caso, debbe essere parco; nell'altro, non debbe lasciare indrieto parte alcuna di liberalità. E quel principe che va con li eserciti, che si pasce di prede, di sacchi e di taglie, maneggia quel di altri, li è necessaria questa liberalità; altrimenti non sarebbe seguíto da' soldati. E di quello che non è tuo, o di sudditi tua, si può essere più largo donatore: come fu Ciro, Cesare et Alessandro; perché lo spendere quello d'altri non ti toglie reputazione, ma te ne aggiugne; solamente lo spendere el tuo è quello che ti nuoce. E non ci è cosa che consumi sé stessa quanto la liberalità: la quale mentre che tu usi, perdi la facultà di usarla; e diventi, o povero e contennendo, o, per fuggire la povertà, rapace et odioso. Et intra tutte le cose di che uno principe si debbe guardare, è lo essere contennendo et odioso; e la liberalità all'una e l'altra cosa ti conduce. Per tanto è più sapienzia tenersi el nome del misero, che partorisce una infamia sanza odio, che, per volere el nome del liberale, essere necessitato incorrere nel nome di rapace, che partorisce una infamia con odio.

Spiegazione del Capitolo XVI

Arrivato a questo punto, dopo aver passato in rassegna le qualità che un buon principe dovrebbe avere, Machiavelli espone la tesi per cui è bene che un principe sia considerato liberale, ovvero generoso. Tuttavia egli mette subito in guardia il lettore sul fatto che la generosità, se usata nel modo sbagliato o se ostentata in maniera troppo appariscente, può avere anche effetti negativi. Come qualsiasi altra attività umana, anche mantenere la reputazione di persona prodiga richiede denaro, e l'autore su questo tema è chiaro: il Principe che vuole apparire troppo, alla fine erode le proprie finanze e si mette nella condizione di aver bisogno di nuovi fondi, necessità che inevitabilmente rovescerà sul popolo. Un innalzamento della pressione fiscale sulla popolazione tuttavia avrà un effetto opposto sulla reputazione del Principe presso il popolo, rendendolo mal voluto. Proprio per questo è consigliabile che un principe sia parsimonioso, anche se questo potrebbe avere un impatto iniziale sulla sua reputazione fra il popolo: meno sperpero di denaro significa anche meno tasse sul popolo. Machiavelli a questo punto fa notare come nei tempi recenti solo quelli considerati *miseri* abbiano fatto grandi cose, mentre gli altri siano andati incontro ad una mala sorte. Perciò il Principe non deve preoccuparsi di incorrere nella reputazione di parsimonioso o *misero*, come lo definisce l'autore: questo è uno di quei vizi che alla lunga lo aiutano a regnare. E se uno dovesse obiettare che fu proprio grazie al suo portafoglio che Cesare divenne un capo di Stato, l'Autore risponde che esistono solo due categorie di Principe: quello compiuto e quello in divenire e per il primo sperperare denaro è dannoso, mentre per il secondo è un bene. Qualcuno a questo punto potrebbe replicare che sono stati molti i Principi che sono riusciti a realizzare grandi cose senza venir considerati troppo parsimoniosi. L'Autore risponde dicendo che bisogna distinguere fra come il Principe spende il *proprio* denaro, e in questo Machiavelli include anche quello dei sudditi, e come spende il denaro degli altri. Nel primo caso deve necessariamente essere moderato, nell'altro invece non si deve far scrupolo nello spendere e nel distribuire attraverso bottini, saccheggi e taglie, perché altrimenti si inimicherebbe l'esercito. Per lui, il denaro che non è né patrimonio personale né derivante dalla tassazione sui sudditi, va distribuito come fecero Ciro, Cesare o Alessandro Magno: perché spendere il denaro d'altri non intacca la reputazione, ma aiuta a costruirla, mentre i danni arrivano dallo sperperare il proprio patrimonio.

La capacità di spesa, a mano a mano che viene utilizzata senza controllo, riduce la sua stessa facoltà di azione, conducendo alla povertà e rendendo il Principe rapace e odioso agli occhi del popolo. E in cima alla lista delle cose che un Principe deve evitare maggiormente vi è proprio per il Machiavelli l'essere rapace e odioso. Per questo, c'è più virtù nell'essere moderato nella spesa rischiando una pessima nomea ma senza alcun tipo di odio, che essere deliberatamente di manica larga alimentando il sentimento di rabbia e ira nel popolo.

Capitolo XVII
La crudeltà e la pietà: se è meglio essere
amato o temuto

Scendendo appresso alle altre preallegate qualità, dico che ciascuno principe debbe desiderare di essere tenuto pietoso e non crudele: non di manco debbe avvertire di non usare male questa pietà. Era tenuto Cesare Borgia crudele; non di manco quella sua crudeltà aveva racconcia la Romagna, unitola, ridottola in pace et in fede. Il che se si considerrà bene, si vedrà quello essere stato molto più pietoso che il populo fiorentino, il quale, per fuggire el nome del crudele, lasciò destruggere Pistoia. Debbe, per tanto, uno principe non si curare della infamia di crudele, per tenere e' sudditi sua uniti et in fede; perché, con pochissimi esempli sarà più pietoso che quelli e' quali, per troppa pietà, lasciono seguire e' disordini, di che ne nasca occisioni o rapine: perché queste sogliono offendere una universalità intera, e quelle esecuzioni che vengono dal principe offendono uno particulare. Et intra tutti e' principi, al principe nuovo è impossibile fuggire el nome di crudele, per essere li stati nuovi pieni di pericoli. E Virgilio, nella bocca di Didone, dice:

Res dura, et regni novitas me talia cogunt
Moliri, et late fines custode tueri.

Non di manco debbe essere grave al credere et al muoversi, né si fare paura da sé stesso, e procedere in modo temperato con prudenza et umanità, che la troppa confidenzia non lo facci incauto e la troppa diffidenzia non lo renda intollerabile.

Nasce da questo una disputa: s'elli è meglio essere amato che temuto, o e converso. Rispondesi che si vorrebbe essere l'uno e l'altro; ma perché elli è difficile accozzarli insieme, è molto più sicuro essere temuto che amato, quando si abbia a mancare dell'uno de' dua. Perché delli uomini si può dire questo generalmente: che sieno ingrati, volubili, simulatori e dissimulatori, fuggitori de' pericoli, cupidi di guadagno; e mentre fai loro bene, sono tutti tua, ófferoni el sangue, la roba, la vita e' figliuoli, come di sopra dissi, quando il bisogno è discosto; ma, quando ti si appressa, e' si rivoltano. E quel principe che si è tutto fondato in sulle parole loro, trovandosi nudo di altre preparazioni, rovina; perché le amicizie che si acquistano col prezzo, e non con grandezza e nobiltà di animo, si meritano, ma elle non si hanno, et a' tempi non si possano spendere. E li uomini hanno meno respetto a offendere uno che si facci amare, che uno che si facci temere; perché l'amore è tenuto da uno vinculo di obbligo, il quale, per essere li uomini tristi, da ogni occasione di propria utilità è rotto; ma il timore è tenuto da una paura di pena che non abbandona mai. Debbe non di manco il principe farsi temere in modo, che, se non acquista lo amore, che fugga l'odio; perché può molto bene stare insieme esser temuto e non odiato; il che farà sempre, quando si astenga dalla roba de' sua cittadini e de' sua sudditi, e dalle donne loro: e quando pure li bisognasse procedere contro al sangue di alcuno, farlo quando vi sia iustificazione conveniente e causa manifesta; ma, sopra tutto, astenersi dalla roba d'altri; perché li uomini sdimenticano più presto la morte del padre che la perdita del patrimonio. Di poi, le cagioni del tòrre la roba non mancono mai; e, sempre, colui che comincia a vivere con rapina, truova cagione di occupare quel d'altri; e, per avverso, contro al sangue sono più rare e mancono più presto.

Ma, quando el principe è con li eserciti et ha in governo multitudine di soldati, allora al tutto è necessario non si curare del nome di crudele; perché sanza questo nome non si tenne mai esercito unito né disposto ad alcuna fazione. Intra le mirabili azioni di Annibale si connumera questa, che, avendo uno esercito grossissimo, misto di infinite generazioni di uomini, condotto a militare in terre aliene, non vi surgessi mai alcuna dissensione, né infra loro né contro al principe, cosí nella cattiva come nella sua buona fortuna. Il che non poté nascere da altro che da quella sua inumana crudeltà, la quale, insieme con infinite sua virtù, lo fece sempre nel cospetto de' suoi soldati venerando e terribile; e sanza quella, a fare quello effetto le altre sua virtù non li bastavano. E li scrittori poco considerati, dall'una parte ammirano questa sua azione, dall'altra dannono la principale cagione di essa. E che sia vero che l'altre sua virtù non sarebbano bastate, si può considerare in Scipione, rarissimo non solamente ne' tempi sua, ma in tutta la memoria delle cose che si sanno, dal quale li eserciti sua in Ispagna si rebellorono. Il che non nacque da altro che dalla troppa sua pietà, la quale aveva data a' sua soldati più licenzia che alla disciplina militare non si conveniva. La qual cosa li fu da Fabio Massimo in Senato rimproverata, e chiamato da lui corruttore della romana milizia. E' Locrensi, sendo stati da uno legato di Scipione destrutti, non furono da lui vendicati, né la insolenzia di quello legato corretta, nascendo tutto da quella sua natura facile; talmente che, volendolo alcuno in Senato escusare, disse come elli erano di molti uomini che sapevano meglio non errare, che correggere li errori. La qual natura arebbe col tempo violato la fama e la gloria di Scipione, se elli avessi con essa perseverato nello imperio; ma, vivendo sotto el governo del Senato, questa sua qualità dannosa non solum si nascose, ma li fu a gloria.

Concludo adunque, tornando allo essere temuto et amato, che, amando li uomini a posta loro, e temendo a posta del principe, debbe uno principe savio fondarsi in su quello che è suo, non in su quello che è d'altri: debbe solamente ingegnarsi di fuggire lo odio, come è detto.

Spiegazione del Capitolo XVII

Un Principe deve essere considerato misericordioso e non crudele, ma vi è una differenza colossale tra l'*essere* effettivamente misericordioso, e l'essere *percepito* come tale, allo stesso modo in cui vi è una differenza fra l'essere crudele e l'esser percepito come crudele. Quindi è importante che il principe appaia misericordioso e che solo pochi sappiano come egli è in realtà: questo gruppo ristretto non deve essere in grado modificare l'opinione dei molti, i quali hanno accesso alla sola immagine pubblica del principe.

Machiavelli afferma che sarebbe bello che il principe fosse caritatevole, ma deve essere anche capace di crudeltà in relazione alle circostanze. La virtù su cui ci si focalizza qui è la duttilità, la capacità di adattarsi alle circostanze in favore della ragion di stato. Sono quindi necessari due elementi: la capacità di analisi e gli strumenti, poiché, dopo aver capito la realtà, per agire sono necessari dei mezzi. Machiavelli sostiene infatti che, quando la fortuna è dalla nostra parte, tutto va bene; ma se le circostanze cambiano e non si possiedono mezzi si va incontro alla rovina.

Machiavelli svolse ruoli diplomatici presso la corte di Cesare Borgia, figlio del papa Alessandro Borgia. Egli giustificò l'uccisione degli oppositori da parte di Cesare dal momento che secondo lui si trattava della decisione politica corretta: ha permesso al Borgia di mantenere il potere e la pace, e Machiavelli sostiene inoltre che fu meno crudele intervenire piuttosto che lasciare che i cittadini se la sbrigassero da soli. L'azione di Cesare non fu dettata da opportunismo personale, ma fu pensata per garantire la pace e creare uno stato unitario.

Per tenere uniti i sudditi potrebbe comunque essere necessario venire percepito come crudele, ma ciò non deve spaventare il regnante. Il principe deve barcamenarsi fra l'essere amato e l'essere temuto, essendo crudele con coloro che potrebbero essere dannosi per il suo potere. Se non riuscisse a barcamenarsi sarebbe meglio fosse temuto, perché gli uomini sono di questa natura: mentre fai loro del bene e in tempo di pace sono pronti ad offrire la loro vita per te, quando arrivano le avversità si ribellano. E perciò il Principe che abbia costruito il suo dominio esclusivamente sull'amore del popolo in tempo di pace facilmente cadrà in rovina quando le cose si complicheranno. Inoltre gli uomini hanno meno rispetto e colpiscono più facilmente una persona verso cui hanno sentimenti di amore rispetto ad una persona che temono, questo perché, di fatto, l'amore è tenuto da un vincolo umano che può essere spezzato da ogni occasione di utilità; il timore invece non abbandona mai.

Un Principe deve farsi temere fuggendo però l'odio, e il modo giusto per farlo è da un lato stare lontano dai possedimenti e dalle donne dei suoi sudditi, e dall'altro condannare a morte solo quando la causa sia più che giustificabile. Tra le due, bisogna stare molto più attenti ai possedimenti, perché gli uomini dimenticano più facilmente la morte del padre piuttosto che la perdita del proprio patrimonio. Inoltre, le occasioni di potersi appropriare della roba d'altri sono frequentissime, mentre accade il contrario per le condanne a morte. Un'altra occasione in cui è buona cosa che il principe abbia la nomea di crudele è quando egli ha alle sue dipendenze un esercito, perché senza questo tipo di fama gli eserciti risultano disuniti e poco propensi a eseguire gli ordini. L'esempio portato è quello di Annibale, che grazie alla propria fama di innata crudeltà, seppe tenere unito un esercito fatto di genti diverse, evitando i conflitti interni all'armata e le ribellioni.

La conclusione di Machiavelli è semplice: il principe non deve mai fondare il proprio dominio solo su qualcosa che dipende dagli altri, perché essi possono levargli l'appoggio in qualsiasi momento (come l'amore del popolo, che dipende - appunto - anche dal popolo). Egli deve fondare il proprio dominio su qualcosa su cui egli ha il 100% del controllo, avendo anche cura però di fare tutto il necessario per non essere odiato.

Capitolo XVIII
In che modo i Principi devono mantenere la parola data

Quanto sia laudabile in uno principe mantenere la fede e vivere con integrità e non con astuzia, ciascuno lo intende: non di manco si vede, per esperienzia ne' nostri tempi, quelli principi avere fatto gran cose che della fede hanno tenuto poco conto, e che hanno saputo con l'astuzia aggirare e' cervelli delli uomini; et alla fine hanno superato quelli che si sono fondati in sulla lealtà.

Dovete adunque sapere come sono dua generazione di combattere: l'uno con le leggi, l'altro con la forza: quel primo è proprio dello uomo, quel secondo delle bestie: ma, perché el primo molte volte non basta, conviene ricorrere al secondo. Per tanto a uno principe è necessario sapere bene usare la bestia e lo uomo. Questa parte è suta insegnata a' principi copertamente dalli antichi scrittori; li quali scrivono come Achille, e molti altri di quelli principi antichi, furono dati a nutrire a Chirone centauro, che sotto la sua disciplina li custodissi. Il che non vuol dire altro, avere per precettore uno mezzo bestia e mezzo uomo, se non che bisogna a uno principe sapere usare l'una e l'altra natura; e l'una sanza l'altra non è durabile.

Sendo adunque, uno principe necessitato sapere bene usare la bestia, debbe di quelle pigliare la golpe e il lione; perché il lione non si defende da' lacci, la golpe non si difende da' lupi. Bisogna, adunque, essere golpe a conoscere e' lacci, e lione a sbigottire e' lupi. Coloro che stanno semplicemente in sul lione, non se ne intendano. Non può per tanto uno signore prudente, né debbe, osservare la fede, quando tale osservanzia li torni contro e che sono spente le cagioni che la feciono promettere. E, se li uomini fussino tutti buoni, questo precetto non sarebbe buono; ma perché sono tristi, e non la osservarebbano a te, tu etiam non l'hai ad osservare a loro. Né mai a uno principe mancorono cagioni legittime di colorare la inosservanzia. Di questo se ne potrebbe dare infiniti esempli moderni e monstrare quante pace, quante promesse sono state fatte irrite e vane per la infedelità de' principi: e quello che ha saputo meglio usare la golpe, è meglio capitato. Ma è necessario questa natura saperla bene colorire, et essere gran simulatore e dissimulatore: e sono tanto semplici li uomini, e tanto obediscano alle necessità presenti, che colui che inganna troverrà sempre chi si lascerà ingannare.

Io non voglio, delli esempli freschi, tacerne uno. Alessandro VI non fece mai altro, non pensò mai ad altro, che ad ingannare uomini: e sempre trovò subietto da poterlo fare. E non fu mai uomo che avessi maggiore efficacia in asseverare, e con maggiori giuramenti affermassi una cosa, che l'osservassi meno; non di meno sempre li succederono li inganni ad votum, perché conosceva bene questa parte del mondo.

A uno principe, adunque, non è necessario avere in fatto tutte le soprascritte qualità, ma è bene necessario parere di averle. Anzi ardirò di dire questo, che, avendole et osservandole sempre, sono dannose, e parendo di averle, sono utile: come parere pietoso, fedele, umano, intero, relligioso, et essere; ma stare in modo edificato con l'animo, che, bisognando non essere, tu possa e sappi mutare el contrario. Et hassi ad intendere questo, che uno principe, e massime uno principe nuovo, non può osservare tutte quelle cose per le quali li uomini sono tenuti buoni, sendo spesso necessitato, per mantenere lo stato, operare contro alla fede, contro alla carità, contro alla umanità, contro alla religione. E però bisogna che elli abbi uno animo disposto a volgersi secondo ch'e' venti e le variazioni della fortuna li comandono, e, come di sopra dissi, non partirsi dal bene, potendo, ma sapere intrare nel male, necessitato.

Debbe, adunque, avere uno principe gran cura che non li esca mai di bocca una cosa che non sia piena delle soprascritte cinque qualità, e paia, a vederlo et udirlo, tutto pietà, tutto fede, tutto integrità, tutto religione. E non è cosa più necessaria a parere di avere che questa ultima qualità. E li uomini in universali iudicano più alli occhi che alle mani; perché tocca a vedere a ognuno, a sentire a pochi. Ognuno vede quello che tu pari, pochi sentono quello che tu se'; e quelli pochi non ardiscano opporsi alla opinione di molti che abbino la maestà dello stato che li difenda: e nelle azioni di tutti li uomini, e massime de' principi, dove non è iudizio da reclamare, si guarda al fine. Facci dunque uno principe di vincere e mantenere lo stato: e' mezzi saranno sempre iudicati onorevoli, e da ciascuno laudati; perché el vulgo ne va preso con quello che pare e con lo evento della cosa; e nel mondo non è se non vulgo; e li pochi ci hanno luogo quando li assai hanno dove appoggiarsi. Alcuno principe de' presenti tempi, quale non è bene nominare, non predica mai altro che pace e fede, e dell'una e dell'altra è inimicissimo; e l'una e l'altra, quando e' l'avessi osservata, li arebbe più volte tolto o la reputazione o lo stato.

Spiegazione del Capitolo XVIII

Chiunque è in grado di capire quanto sia lodevole un principe che è in grado di mantenere la parola data e che è in grado di vivere secondo il principio dell'integrità e non secondo l'opportunismo e l'astuzia. Tuttavia, dalle esperienze recenti, si comprende facilmente come quei principi che hanno tenuto in poco conto la parola data e che hanno saputo con l'astuzia aggirare i cervelli degli altri uomini sono stati in grado di fare grandi cose. Alla fine, sono stati anche in grado di superare coloro che si sono mantenuti vincolati ai principi della lealtà.

Ci sono due modi di combattere: con la legge, che risulta essere la modalità tipica dell'uomo, o con la forza, che invece è la modalità propria delle bestie. Ma siccome la prima molte volte non basta, occorre ricorrere alla seconda: un Principe quindi deve essere in grado di usare la parte bestiale e l'uomo a seconda dell'occasione. Questo principio è stato insegnato ai principi attraverso allusioni e metafore dagli antichi scrittori, i quali scrivono che Achille e molti altri principi antichi furono allevati dal centauro Chirone, affinché li ammaestrasse alla sua scuola. Questo significa proprio avere un essere mezzo bestia e mezzo uomo come precettore, perché un principe deve sapere usare l'una e l'altra natura e perché l'una senza l'altra non può durare.

E siccome il Principe deve saper bene usare la parte animale, deve acquisire soprattutto la qualità della volpe e del leone, perché il leone non si difende dalle trappole, e la volpe non si difende dai lupi. Pertanto un Principe intelligente non può né deve mantenere la parola data, quando mantenerla diventa controproducente o quando sono scomparse le condizioni alla base di quella promessa. Se gli uomini fossero tutti buoni, questo precetto non sarebbe buono; ma, poiché essi sono malvagi e non manterrebbero la loro parola nei confronti del principe, anch'egli non deve essere tenuto a mantenerla nei loro confronti. I motivi legittimi per giustificare questa inosservanza non mancano mai ad un principe e si potrebbe portare una lista infinita di esempi moderni che mostrano quante paci, quante promesse siano state annullate o vanificate per il mancato rispetto della parola data da parte dei principi.

Fra gli esempi recenti si può citare quello di Papa Alessandro VI, il quale non fece mai altro se non ingannare gli uomini; trovando peraltro sempre qualcuno che si lasciasse ingannare. Nessuno ebbe mai maggior forza persuasiva e nessuno fu più esplicitamente cinico ed ipocrita. Nonostante questo, i suoi inganni ebbero sempre successo, perché egli conosceva bene questa parte della natura umana.

Così, il Principe in grado di utilizzare al meglio l'astuzia della volpe, ottiene i migliori risultati. Tuttavia è necessario saper nascondere bene questa natura e, all'occorrenza, essere più o meno cinico e dissimulatore. Gli uomini sono così ingenui e così servi delle necessità del momento, che chi inganna troverà sempre qualcuno che si lascerà ingannare.

Ad un Principe non è necessario avere tutte le suddette qualità: basta infatti che dia ad intendere di averle. Anzi, qualora egli le possedesse tutte, esse diventerebbero in qualche modo dannose per lui; cosa da cui si mette al riparo semplicemente dando l'impressione di averle, senza poi possederle sul serio. Ad, ogni modo, quando queste qualità risultano controproducenti, un buon Principe deve anche essere capace di ribaltare la situazione a suo favore.

Va poi detto che un principe, soprattutto un principe appena arrivato al potere, non può dare spazio tutte quelle cose per le quali gli uomini sono ritenuti buoni, perché spesso, per mantenere lo Stato, è necessario operare contro la parola data, contro la carità, contro l'umanità, contro la religione. Egli deve essere disposto a cambiare, secondo i venti della fortuna e i mutamenti che gli eventi gli impongono. Così, come detto, il Principe non deve tanto allontanarsi dal bene, qualora possa farlo, ma deve, se costretto dalla necessità, saper abbracciare il male. Un Principe deve dunque deve aver cura che il suo linguaggio sia coerente con le necessità del momento, ed il più possibile aderente agli ideali di pietà, fede, integrità, umanità e religione. In generale gli uomini giudicano più l'apparenza che la sostanza perché ognuno sa vedere l'aspetto esterno, ma pochi percepiscono la vera essenza, e comunque quei pochi non oserebbero dire il contrario, mettendosi contro la maggioranza che gode della protezione dello Stato.

Per giudicare le azioni di ogni uomo, soprattutto quelle dei Principi, per cui non c'è un tribunale presso cui presentare reclami, si deve guardare al fine, e l'unico fine di cui un Principe deve preoccuparsi consiste nella conquista e nel mantenimento lo Stato: sulla base di questi fini, i mezzi saranno sempre giudicati onorevoli e lodati da tutti, perché il popolo va sempre trascinato con l'apparenza e non con la realtà effettiva. Nel mondo la maggioranza delle persone è costituita dal popolo, e se al popolo vengono dati abbastanza risultati e mostrati i successi dal principe, le minoranze ribelli non avranno seguito né ascolto. Un principe moderno, che non è bene nominare (Ferdinando il Cattolico, re di Sicilia prima, di Aragona e di Napoli poi), non predica mai altro che pace e lealtà, nonostante sia un acerrimo nemico di entrambe: se avesse infatti realmente seguito gli ideali di pace o di lealtà, egli avrebbe perso sia reputazione che Stato più di una volta.

Ritratto di Ferdinando II d'Aragona,
noto come Ferdinando il Cattolico

Capitolo XIX
Come i principi devono evitare il disprezzo e l'odio

Ma perché, circa le qualità di che di sopra si fa menzione io ho parlato delle più importanti, l'altre voglio discorrere brevemente sotto queste generalità, che il principe pensi, come di sopra in parte è detto, di fuggire quelle cose che lo faccino odioso e contennendo; e qualunque volta fuggirà questo, arà adempiuto le parti sua, e non troverrà nelle altre infamie periculo alcuno. Odioso lo fa, sopr'a tutto, come io dissi, lo essere rapace et usurpatore della roba e delle donne de' sudditi: di che si debbe astenere; e qualunque volta alle universalità delli uomini non si toglie né roba né onore, vivono contenti, e solo si ha a combattere con la ambizione di pochi, la quale in molti modi, e con facilità si raffrena. Contennendo lo fa esser tenuto vario, leggieri, effeminato, pusillanime, irresoluto: da che uno principe si debbe guardare come da uno scoglio, et ingegnarsi che nelle azioni sua si riconosca grandezza, animosità, gravità, fortezza, e, circa maneggi privati de' sudditi, volere che la sua sentenzia sia irrevocabile; e si mantenga in tale opinione, che alcuno non pensi né a ingannarlo né ad aggirarlo.

Quel principe che dà di sé questa opinione, è reputato assai; e contro a chi è reputato, con difficultà si congiura, con difficultà è assaltato, purché s'intenda che sia eccellente e reverito da' sua. Perché uno principe debbe avere dua paure: una dentro, per conto de' sudditi; l'altra di fuora, per conto de' potentati esterni. Da questa si difende con le buone arme e con li buoni amici; e sempre, se arà buone arme, arà buoni amici; e sempre staranno ferme le cose di dentro, quando stieno ferme quelle di fuora, se già le non fussino perturbate da una congiura; e quando pure quelle di fuora movessino, s'elli è ordinato e vissuto come ho detto, quando non si abbandoni, sempre sosterrà ogni impeto, come io dissi che fece Nabide spartano. Ma, circa sudditi, quando le cose di fuora non muovino, si ha a temere che non coniurino secretamente: di che el principe si assicura assai, fuggendo lo essere odiato o disprezzato, e tenendosi el populo satisfatto di lui; il che è necessario conseguire, come di sopra a lungo si disse. Et uno de' più potenti rimedii che abbi uno principe contro alle coniure, è non essere odiato dallo universale: perché sempre chi congiura crede con la morte del principe satisfare al populo; ma, quando creda offenderlo, non piglia animo a prendere simile partito, perché le difficultà che sono dalla parte de' congiuranti sono infinite. E per esperienzia si vede molte essere state le coniure, e poche avere avuto buon fine. Perché chi coniura non può essere solo, né può prendere compagnia se non di quelli che creda esser malcontenti; e subito che a uno mal contento tu hai scoperto l'animo tuo, li dài materia a contentarsi, perché manifestamente lui ne può sperare ogni commodità: talmente che, veggendo el guadagno fermo da questa parte, e dall'altra veggendolo dubio e pieno di periculo, conviene bene o che sia raro amico, o che sia al tutto ostinato inimico del principe, ad osservarti la fede. E, per ridurre la cosa in brevi termini, dico che dalla parte del coniurante, non è se non paura, gelosia, sospetto di pena che lo sbigottisce; ma, dalla parte del principe, è la maestà del principato, le leggi, le difese delli amici e dello stato che lo difendano: talmente che, aggiunto a tutte queste cose la benivolenzia populare, è impossibile che alcuno sia sí temerario che congiuri. Perché, per lo ordinario, dove uno coniurante ha a temere innanzi alla esecuzione del male, in questo caso debbe temere ancora poi, avendo per inimico el populo, seguíto lo eccesso, né potendo per questo sperare refugio alcuno.

Di questa materia se ne potria dare infiniti esempli; ma voglio solo esser contento di uno, seguito alla memoria de' padri nostri. Messer Annibale Bentivogli, avolo del presente messer Annibale, che era principe in Bologna, sendo da' Canneschi, che li coniurorono contro suto ammazzato, né rimanendo di lui altri che messer Giovanni, che era in fasce, subito dopo tale omicidio, si levò el populo et ammazzò tutti e' Canneschi. Il che nacque dalla benivolenzia populare che la casa de' Bentivogli aveva in quelli tempi: la quale fu tanta, che, non restando di quella alcuno in Bologna che potessi, morto Annibale, reggere lo stato, et avendo indizio come in Firenze era uno nato de' Bentivogli che si teneva fino allora figliuolo di uno fabbro, vennono e' Bolognesi per quello in Firenze, e li dettono el governo di quella città: la quale fu governata da lui fino a tanto che messer Giovanni pervenissi in età conveniente al governo.

Concludo, per tanto, che uno principe debbe tenere delle congiure poco conto, quando el popolo li sia benivolo; ma, quando li sia inimico et abbilo in odio, debbe temere d'ogni cosa e d'ognuno. E li stati bene ordinati e li principi savi hanno con ogni diligenzia pensato di non desperare e' grandi e di satisfare al populo e tenerlo contento; perché questa è una delle più importanti materie che abbia uno principe.

Intra regni bene ordinati e governati, a' tempi nostri, è quello di Francia: et in esso si truovano infinite constituzione buone, donde depende la libertà e sicurtà del re; delle quali la prima è il parlamento e la sua autorità. Perché quello che ordinò quel regno, conoscendo l'ambizione de' potenti e la insolenzia loro, e iudicando esser loro necessario uno freno in bocca che li correggessi e, da altra parte, conoscendo l'odio dello universale contro a' grandi fondato in sulla paura, e volendo assicurarli, non volse che questa fussi particulare cura del re, per tòrli quel carico che potessi avere co' grandi favorendo li populari, e co' populari favorendo e' grandi; e però constituí uno iudice terzo, che fussi quello che, sanza carico del re battessi e' grandi e favorissi e' minori. Né poté essere questo ordine migliore né più prudente, né che sia maggiore cagione della securtà del re e del regno. Di che si può trarre un altro notabile: che li principi debbono le cose di carico fare sumministrare ad altri, quelle di grazia a loro medesimi. Di nuovo concludo che uno principe debbe stimare e' grandi, ma non si fare odiare dal populo.

Parrebbe forse a molti, considerato la vita e morte di alcuno imperatore romano, che fussino esempli contrarii a questa mia opinione, trovando alcuno essere vissuto sempre egregiamente e monstro grande virtù d'animo, non di meno avere perso lo imperio, ovvero essere stato morto da' sua, che li hanno coniurato contro. Volendo per tanto rispondere a queste obiezioni, discorrerò le qualità di alcuni imperatori, monstrando le cagioni della loro ruina, non disforme da quello che da me si è addutto; e parte metterò in considerazione quelle cose che sono notabili a chi legge le azioni di quelli tempi. E voglio mi basti pigliare tutti quelli imperatori che succederono allo imperio da Marco filosofo a Massimino: li quali furono Marco, Commodo suo figliuolo, Pertinace, Iuliano, Severo, Antonino Caracalla suo figliuolo, Macrino, Eliogabalo, Alessandro e Massimino. Et è prima da notare che dove nelli altri principati si ha solo a contendere con la ambizione de' grandi et insolenzia de' populi, l'imperatori romani avevano una terza difficultà, di avere a sopportare la crudeltà et avarizia de' soldati. La qual cosa era sí difficile che la fu cagione della ruina di molti; sendo difficile satisfare a' soldati et a' populi; perché e' populi amavono la quiete, e per questo amavono e' principi modesti, e li soldati amavono el principe d'animo militare, e che fussi insolente, crudele e rapace. Le quali cose volevano che lui esercitassi ne' populi, per potere avere duplicato stipendio e sfogare la loro avarizia e crudeltà. Le quali cose feciono che quelli imperatori che, per natura o per arte, non aveano una grande reputazione, tale che con quella tenessino l'uno e l'altro in freno, sempre ruinavono; e li più di loro, massime quelli che come uomini nuovi venivano al principato, conosciuta la difficultà di questi dua diversi umori, si volgevano a satisfare a' soldati, stimando poco lo iniuriare el populo. Il quale partito era necessario: perché, non potendo e' principi mancare di non essere odiati da qualcuno, si debbano prima forzare di non essere odiati dalla università; e, quando non possono conseguire questo, si debbono ingegnare con ogni industria fuggire l'odio di quelle università che sono più potenti. E però quelli imperatori che per novità avevano bisogno di favori estraordinarii, si aderivano a' soldati più tosto che a' populi: il che tornava loro, non di meno, utile o no, secondo che quel principe si sapeva mantenere reputato con loro. Da queste cagioni sopradette nacque che Marco, Pertinace et Alessandro, sendo tutti di modesta vita, amatori della iustizia, nimici della crudeltà, umani e benigni, ebbono tutti, da Marco in fuora, tristo fine. Marco solo visse e morí onoratissimo, perché lui succedé allo imperio iure hereditario, e non aveva a riconoscere quello né da' soldati né da' populi; di poi, sendo accompagnato da molte virtù che lo facevano venerando, tenne sempre, mentre che visse, l'uno ordine e l'altro intra termini sua, e non fu mai né odiato né disprezzato. Ma Pertinace fu creato imperatore contro alla voglia de' soldati, li quali, sendo usi a vivere licenziosamente sotto Commodo, non poterono sopportare quella vita onesta alla quale Pertinace li voleva ridurre; onde, avendosi creato odio, et a questo odio aggiunto el disprezzo sendo vecchio ruinò ne' primi principii della sua amministrazione.

E qui si debbe notare che l'odio s'acquista cosí mediante le buone opere, come le triste: e però, come io dissi di sopra, uno principe, volendo mantenere lo stato, è spesso forzato a non essere buono; perché, quando quella università, o populo o soldati o grandi che sieno, della quale tu iudichi avere per mantenerti bisogno, è corrotta, ti conviene seguire l'umore suo per satisfarlo, et allora le buone opere ti sono nimiche. Ma vegniamo ad Alessandro: il quale fu di tanta bontà, che intra le altre laude che li sono attribuite, è questa, che in quattordici anni che tenne l'imperio, non fu mai morto da lui alcuno iniudicato; non di manco, sendo tenuto effeminato et uomo che si lasciassi governare alla madre, e per questo venuto in disprezzo, conspirò in lui l'esercito, et ammazzollo.
Discorrendo ora, per opposito, le qualità di Commodo, di Severo, Antonino Caracalla e Massimino, li troverrete crudelissimi e rapacissimi; li quali, per satisfare a' soldati, non perdonorono ad alcuna qualità di iniuria che ne' populi si potessi commettere; e tutti, eccetto Severo, ebbono triste fine. Perché in Severo fu tanta virtù, che, mantenendosi soldati amici, ancora che populi fussino da lui gravati, possé sempre regnare felicemente; perché quelle sua virtù lo facevano nel conspetto de' soldati e de' populi sí mirabile, che questi rimanevano quodammodo attoniti e stupidi, e quelli altri reverenti e satisfatti. E perché le azioni di costui furono grandi in un principe nuovo, io

voglio monstrare brevemente quanto bene seppe usare la persona della golpe e del lione: le quali nature io dico di sopra essere necessario imitare a uno principe. Conosciuto Severo la ignavia di Iuliano imperatore, persuase al suo esercito, del quale era in Stiavonia capitano, che elli era bene andare a Roma a vendicare la morte di Pertinace, il quale da' soldati pretoriani era suto morto; e sotto questo colore, sanza monstrare di aspirare allo imperio, mosse lo esercito contro a Roma; e fu prima in Italia che si sapessi la sua partita. Arrivato, a Roma, fu dal Senato, per timore, eletto imperatore e morto Iuliano. Restava, dopo questo principio, a Severo dua difficultà, volendosi insignorire di tutto lo stato: l'una in Asia, dove Nigro, capo delli eserciti asiatici, s'era fatto chiamare imperatore; e l'altra in ponente, dove era Albino, quale ancora lui aspirava allo imperio. E, perché iudicava periculoso scoprirsi inimico a tutti e dua, deliberò di assaltare Nigro et ingannare Albino. Al quale scrisse come, sendo dal Senato eletto imperatore, voleva partecipare quella dignità con lui; e mandolli il titulo di Cesare, e per deliberazione del Senato, se lo aggiunse collega: le quali cose da Albino furono accettate per vere. Ma, poiché Severo ebbe vinto e morto Nigro, e pacate le cose orientali, ritornatosi a Roma, si querelò in Senato, come Albino, poco conoscente de' benefizii ricevuti da lui, aveva dolosamente cerco di ammazzarlo, e per questo lui era necessitato andare a punire la sua ingratitudine. Di poi andò a trovarlo in Francia, e li tolse lo stato e la vita.

Chi esaminerà adunque tritamente le azioni di costui, lo troverrà uno ferocissimo lione e una astutissima golpe; e vedrà quello temuto e reverito da ciascuno, e dalli eserciti non odiato; e non si maraviglierà se lui, uomo nuovo, arà possuto tenere tanto imperio: perché la sua grandissima reputazione lo difese sempre da quello odio ch'e' populi per le sue rapine avevano potuto concipere. Ma Antonino suo figliuolo fu ancora lui uomo che aveva parte eccellentissime e che lo facevano maraviglioso nel conspetto de' populi e grato a' soldati; perché era uomo militare, sopportantissimo d'ogni fatica, disprezzatore d'ogni cibo delicato e d'ogni altra mollizie: la qual cosa lo faceva amare da tutti li eserciti. Non di manco la sua ferocia e crudeltà fu tanta e sí inaudita, per avere, dopo infinite occisioni particulari, morto gran parte del populo di Roma, e tutto quello di Alessandria, che diventò odiosissimo a tutto il mondo; e cominciò ad essere temuto etiam da quelli che elli aveva intorno: in modo che fu ammazzato da uno centurione in mezzo del suo esercito. Dove è da notare che queste simili morti, le quali seguano per deliberazione d'uno animo ostinato, sono da' principi inevitabili, perché ciascuno che non si curi di morire lo può offendere; ma debbe bene el principe temerne meno, perché le sono rarissime. Debbe solo guardarsi di non fare grave iniuria ad alcuno di coloro de' quali si serve, e che elli ha d'intorno al servizio del suo principato: come aveva fatto Antonino, il quale aveva morto contumeliosamente uno fratello di quel centurione, e lui ogni giorno minacciava; tamen lo teneva a guardia del corpo suo: il che era partito temerario e da ruinarvi, come li intervenne.

Ma vegniamo a Commodo, al quale era facilità grande tenere l'imperio, per averlo iure hereditario, sendo figliuolo di Marco; e solo li bastava seguire le vestigie del padre, et a' soldati et a' populi arebbe satisfatto; ma, sendo d'animo crudele e bestiale, per potere usare la sua rapacità ne' populi, si volse ad intrattenere li eserciti e farli licenziosi; dall'altra parte, non tenendo la sua dignità, discendendo spesso ne' teatri a combattere co' gladiatori, e facendo altre cose vilissime e poco degne della maestà imperiale, diventò contennendo nel conspetto de' soldati. Et essendo odiato dall'una parte e disprezzato dall'altra, fu conspirato in lui, e morto.

Restaci a narrare le qualità di Massimino. Costui fu uomo bellicosissimo; et essendo li eserciti infastiditi della mollizie di Alessandro, del quale ho di sopra discorso, morto lui, lo elessono allo imperio. Il quale non molto tempo possedé; perché dua cose lo feciono odioso e contennendo: l'una, essere vilissimo per avere già guardato le pecore in Tracia (la qual cosa era per tutto notissima e li faceva una grande dedignazione nel conspetto di qualunque); l'altra, perché, avendo nello ingresso del suo principato, differito lo andare a Roma et intrare nella possessione della sedia imperiale, aveva dato di sé opinione di crudelissimo, avendo per li sua prefetti, in Roma e in qualunque luogo dello Imperio, esercitato molte crudeltà. Tal che, commosso tutto el mondo dallo sdegno per la viltà del suo sangue, e dallo odio per la paura della sua ferocia, si rebellò prima Affrica, di poi el Senato con tutto el populo di Roma, e tutta Italia li conspirò contro. A che si aggiunse el suo proprio esercito; quale, campeggiando Aquileia e trovando difficultà nella espugnazione, infastidito della crudeltà sua, e per vederli tanti inimici temendolo meno, lo ammazzò.

Io non voglio ragionare né di Eliogabalo né di Macrino né di Iuliano, li quali, per essere al tutto contennendi, si spensono subito; ma verrò alla conclusione di questo discorso. E dico, che li principi de' nostri tempi hanno meno questa difficultà di satisfare estraordinariamente a' soldati ne' governi loro; perché, non ostante che si abbi ad avere a quelli qualche considerazione, tamen si resolve presto, per non avere alcuno di questi principi eserciti insieme, che sieno inveterati con li governi e amministrazione delle provincie, come erano li eserciti

dello imperio romano. E però, se allora era necessario satisfare più a' soldati che a' populi, era perché soldati potevano più che e' populi; ora è più necessario a tutti e' principi, eccetto che al Turco et al Soldano, satisfare a' populi che a' soldati, perché e' populi possono più di quelli. Di che io ne eccettuo el Turco, tenendo sempre quello intorno a sé dodici mila fanti e quindici mila cavalli, da' quali depende la securtà e la fortezza del suo regno; et è necessario che, posposto ogni altro respetto, quel signore se li mantenga amici. Similmente el regno del Soldano sendo tutto in mano de' soldati, conviene che ancora lui, sanza respetto de' populi, se li mantenga amici. Et avete a notare che questo stato del Soldano è disforme da tutti li altri principati; perché elli è simile al pontificato cristiano, il quale non si può chiamare né principato ereditario né principato nuovo; perché non e' figliuoli del principe vecchio sono eredi e rimangono signori, ma colui che è eletto a quel grado da coloro che ne hanno autorità. Et essendo questo ordine antiquato, non si può chiamare principato nuovo, perché in quello non sono alcune di quelle difficultà che sono ne' nuovi; perché, se bene el principe è nuovo, li ordini di quello stato sono vecchi et ordinati a riceverlo come se fussi loro signore ereditario.
Ma torniamo alla materia nostra. Dico che qualunque considerrà el soprascritto discorso, vedrà o l'odio o il disprezzo esser suto cagione della ruina di quelli imperatori prenominati, e conoscerà ancora donde nacque che, parte di loro procedendo in uno modo e parte al contrario, in qualunque di quelli, uno di loro ebbe felice e li altri infelice fine. Perché a Pertinace et Alessandro, per essere principi nuovi, fu inutile e dannoso volere imitare Marco, che era nel principato iure hereditario; e similmente a Caracalla, Commodo e Massimino essere stata cosa perniziosa imitare Severo, per non avere avuta tanta virtù

che bastassi a seguitare le vestigie sua. Per tanto uno principe nuovo in uno principato nuovo non può imitare le azioni di Marco, né ancora è necessario seguitare quelle di Severo; ma debbe pigliare da Severo quelle parti che per fondare el suo stato sono necessarie, e da Marco quelle che sono convenienti e gloriose a conservare uno stato che sia già stabilito e fermo.

Spiegazione del Capitolo XIX

Il Principe deve evitare ogni cosa che lo renda inviso al popolo e ogni volta che sarà in grado di farlo si troverà su una strada sgombra dal pericolo. Fra tutto ciò che lo può rendere odioso, le due azioni meno tollerabili sono soprattutto impadronirsi delle donne e delle cose dei sudditi e da queste attività egli si deve astenere perché ogni volta che evita di togliere la roba e l'onore agli uomini, questi non possono che vivere contenti. Assicuratosi questa posizione, egli dovrà combattere soltanto contro l'ambizione di pochi ribelli, alla quale in molti modi e con grande facilità si può porre un freno. Se un principe diventa rapace e usurpatore, la gente fa presto a giudicarlo leggero, effeminato, pusillanime, irresoluto. Il Principe deve evitare tutto questo e ingegnarsi affinché nelle sue azioni si riconosca invece solamente grandezza, forza e solennità. Il Principe che possiede questa forza è ritenuto grande e viene aggredito con molta difficoltà dagli altri, perché è evidente che può contare su un supporto diffuso.

Un Principe deve avere due paure: una interna, che riguarda l'operato dei sudditi, l'altra esterna, che riguarda le azioni dei regni esterni. La migliore difesa dai potentati esterni è rappresentata dall'avere buoni eserciti e buoni amici, e se il Principe avrà buoni eserciti, avrà anche buoni amici. Inoltre, grazie proprio alla reputazione di cui godono gli eserciti forti, questi fungeranno anche da garanzia di sicurezza interna, perché quando la situazione è calma all'esterno, è calma anche nello Stato. Tuttavia, in merito ai sudditi, va evidenziato come, quando le cose di fuori non rappresentano un problema, il Principe deve temere che all'interno non si congiuri segretamente, cioè deve evitare di essere odiato e disprezzato, facendo in modo – come si è detto in precedenza – che il popolo sia soddisfatto di lui.

Uno dei più potenti rimedi che un principe ha contro le congiure, è proprio il non essere odiato dalle masse, perché sempre chi congiura crede di guadagnarsi il supporto del popolo con la morte del principe. Tuttavia quando devono passare all'azione in un contesto in cui il principe non è odiato, i congiurati raramente hanno il coraggio di prendere una simile decisione, perché le difficoltà per loro sono infinite. Per esperienza, molte congiure hanno avuto esito negativo perché un congiurato non può essere solo, né può avere compagni se non fra i malcontenti: ma quando si rivela la congiura ad un altro malcontento per portarlo dalla propria parte, gli si dà anche un motivo per trasformarsi in nemico dei congiurati, perché denunciando la congiura egli potrebbe trarne un profitto personale. Per riassumere, dalla parte del congiurato c'è soltanto paura, gelosia, sospetto; dalla parte del principe, invece, c'è la maestà del principato, ci sono le leggi, le difese degli amici e dello Stato. Così, se si aggiunge a tutto questo il favore del popolo, diventa praticamente impossibile che qualcuno sia così temerario da tentare una congiura. La vita del congiurato è già difficile *prima* di mettere in esecuzione il crimine, ma se il principe gode anche dell'appoggio popolare egli dovrà temere anche in séguito, a congiura avvenuta, poiché si sarà fatto nemico il popolo e non potrà più trovarvi rifugio e supporto.

In conclusione, il Principe deve tenere in poco conto le congiure quando il popolo gli è fedele, ma quando gli è nemico deve temere qualsiasi persona. Gli Stati che funzionano bene e i principi saggi hanno ben chiaro che non devono ridurre alla disperazione i potenti con cui hanno a che fare e, allo stesso tempo, che devono soddisfare e tenere contento il popolo. Questo è uno dei compiti più importanti che un Principe si trovi a svolgere. La Francia è un ottimo esempio: vi sono molteplici ottimi sistemi da cui dipende la libertà e la sicurezza del re; il primo è costituito dal parlamento e dalla sua autorità. Chi ha messo le basi di quel regno conosceva bene ambizione e insolenza dei potenti, e aveva ben chiaro come entrambe andassero limitate. Allo stesso modo conosceva molto bene anche l'odio generalmente diffuso nella popolazione nei confronti dei potenti (fondato sulla paura) e si propose di porvi rimedio. Così, per evitare che queste due attività fossero un compito specifico del re, venne costituita una terza entità, il Parlamento di Parigi, il quale, senza coinvolgere il re in alcun risentimento, aveva il compito di limitare i potenti e di favorire i minori. Non esiste ordinamento migliore di questo, né più prudente, né più sicuro per il re e per il regno. Da ciò si può trarre un'altra regola degna di nota: i principi devono far prendere ad altri le decisioni odiose, mentre devono riservare a se stessi quelle gradite. Di nuovo, si può concludere che un principe deve considerare adeguatamente i potenti, ma non deve farsi odiare dal popolo.

L'odio si attira sia con opere cattive che con quelle buone, perciò un Principe per mantenere lo Stato è spesso forzato a non essere buono. Vengono prese in esame, come esempi, le imprese degli imperatori che si succedettero al potere da Marco Aurelio a Massimino: la ragione della rovina di questi imperatori è stata proprio l'odio e il disprezzo che hanno suscitato nei loro stessi confronti. La prima cosa da notare è che negli altri principati il Principe deve contendere soltanto con l'ambizione dei potenti e l'insolenza dei popoli, mentre gli imperatori romani avevano una terza difficoltà: dovevano sopportare la crudeltà e l'avidità dei soldati. Essa era così potente che fu causa della rovina di molti, dal momento che era difficile soddisfare contemporaneamente i soldati e i popoli: i popoli amavano la quiete, e per questo amavano i Principi moderati; i soldati amavano il principe d'animo militare e che fosse insolente, crudele e rapace. Essi volevano che egli esercitasse una forte pressione fiscale sulla popolazione, per poter avere aumenti nei propri salari e per sfogare avidità e crudeltà in campagne militari. Queste cose fecero in modo che quegli imperatori che, per natura o per arte, non avevano una grande reputazione con la quale potessero tenere a freno popoli e soldati andarono sempre incontro alla rovina. La maggior parte di essi, soprattutto quelli che arrivavano al governo partendo da una posizione di uomo comune, preferirono soddisfare i soldati, sottovalutando molto il loro voltare le spalle al popolo. Va detto che questa decisione era comunque inevitabile: i principi non possono evitare di essere odiati da qualche gruppo sociale, e quindi devono in primo luogo sforzarsi di non essere odiati da tutti i gruppi sociali. Ma se non possono conseguire questo risultato, devono in secondo luogo impegnarsi con ogni mezzo a evitare l'odio dei gruppi sociali più potenti. Perciò quegli imperatori, che in quanto principi nuovi avevano bisogno di favori straordinari, si appoggiavano ai soldati piuttosto che ai popoli.

All'epoca dell'impero romano era necessario soddisfare più i soldati che i popoli, perché i soldati avevano più potere del popolo. Ora è più impellente per tutti i principi, eccetto che per quello turco e per il sultano d'Egitto, soddisfare i popoli più che i soldati, perché i popoli hanno effettivamente in mano più potere di quello degli eserciti.

Raffigurazione della statua Equestre di Marco Aurelio

Capitolo XX
Se le fortezze e simili
sono utili ai Principi oppure no

Alcuni principi, per tenere securamente lo stato, hanno disarmato e' loro sudditi; alcuni altri hanno tenuto divise le terre subiette; alcuni hanno nutrito inimicizie contro a sé medesimi; alcuni altri si sono volti a guadagnarsi quelli che li erano suspetti nel principio del suo stato; alcuni hanno edificato fortezze; alcuni le hanno ruinate e destrutte. E benché di tutte queste cose non vi possa dare determinata sentenzia, se non si viene a' particulari di quelli stati dove si avessi a pigliare alcuna simile deliberazione, non di manco io parlerò in quel modo largo che la materia per sé medesima sopporta.

Non fu mai, adunque, che uno principe nuovo disarmassi e' sua sudditi; anzi, quando li ha trovati disarmati, li ha sempre armati; perché, armandosi, quelle arme diventono tua, diventono fedeli quelli che ti sono sospetti, e quelli che erano fedeli si mantengono e di sudditi si fanno tua partigiani. E perché tutti sudditi non si possono armare, quando si benefichino quelli che tu armi, con li altri si può fare più a sicurtà: e quella diversità del procedere che conoscono in loro, li fa tua obbligati; quelli altri ti scusano, iudicando essere necessario, quelli avere più merito che hanno più periculo e più obligo. Ma, quando tu li disarmi, tu cominci ad offenderli, monstri che tu abbi in loro diffidenzia o per viltà o per poca fede: e l'una e l'altra di queste opinioni concepe odio contro di te. E perché tu non puoi stare disarmato, conviene ti volti alla milizia mercennaria, la quale è di quella qualità che di sopra è detto; e, quando la fussi buona, non può essere tanta, che ti difenda da' nimici potenti e da' sudditi sospetti. Però, come io ho detto, uno principe nuovo in uno principato nuovo sempre vi ha ordinato l'arme. Di questi esempli sono piene le istorie. Ma, quando uno principe acquista uno stato nuovo, che come membro si aggiunga al suo vecchio, allora è necessario disarmare quello stato, eccetto quelli che nello acquistarlo sono suti tua partigiani; e quelli ancora, col tempo e con le occasioni, è necessario renderli molli et effeminati, et ordinarsi in modo che tutte l'arme del tuo stato sieno in quelli soldati tua proprii, che nello stato tuo antiquo vivono appresso di te.

Solevano li antiqui nostri, e quelli che erano stimati savi, dire come era necessario tenere Pistoia con le parti e Pisa con le fortezze; e per questo nutrivano in qualche terra loro suddita le differenzie, per possederle più facilmente. Questo, in quelli tempi che Italia era in uno certo modo bilanciata, doveva essere ben fatto; ma non credo che si possa dare oggi per precetto: perché io non credo che le divisioni facessino mai bene alcuno; anzi è necessario, quando il nimico si accosta che le città divise si perdino subito; perché sempre la parte più debole si aderirà alle forze esterne, e l'altra non potrà reggere.

E' Viniziani, mossi, come io credo, dalle ragioni soprascritte, nutrivano le sètte guelfe e ghibelline nelle città loro suddite; e benché non li lasciassino mai venire al sangue, tamen nutrivano fra loro questi dispareri, acciò che, occupati quelli cittadini in quelle loro differenzie, non si unissino contro di loro. Il che, come si vide, non tornò loro poi a proposito; perché sendo rotti a Vailà, subito una parte di quelle prese ardire, e tolsono loro tutto lo stato. Arguiscano, per tanto, simili modi debolezza del principe, perché in uno principato gagliardo mai si permetteranno simili divisioni; perché le fanno solo profitto a tempo di pace, potendosi mediante quelle più facilmente maneggiare e' sudditi; ma, venendo la guerra, monstra simile ordine la fallacia sua.

Sanza dubbio e' principi diventano grandi, quando superano le difficultà e le opposizioni che sono fatte loro; e però la fortuna, massime quando vuol fare grande uno principe nuovo, il quale ha maggiore necessità di acquistare reputazione che uno ereditario, gli fa nascere de' nemici, e li fa fare delle imprese contro, acciò che quello abbi cagione di superarle, e su per quella scala che li hanno pòrta e' nimici sua, salire più alto. Però molti iudicano che uno principe savio debbe, quando ne abbi la occasione, nutrirsi con astuzia qualche inimicizia, acciò che, oppresso quella, ne seguiti maggiore sua grandezza.

Hanno e' principi, et praesertim quelli che sono nuovi, trovato più fede e più utilità in quelli uomini che nel principio del loro stato sono suti tenuti sospetti, che in quelli che nel principio erano confidenti. Pandolfo Petrucci, principe di Siena, reggeva lo stato suo più con quelli che li furono sospetti che con li altri. Ma di questa cosa non si può parlare largamente, perché la varia secondo el subietto. Solo dirò questo, che quelli uomini che nel principio di uno principato erono stati inimici, che sono di qualità che a mantenersi abbino bisogno di appoggiarsi, sempre el principe con facilità grandissima se li potrà guadagnare; e loro maggiormente sono forzati a servirlo con fede, quanto conoscano esser loro più necessario cancellare con le opere quella opinione sinistra che si aveva di loro. E cosí el principe ne trae sempre più utilità, che di coloro che, servendolo con troppa sicurtà, straccurono le cose sua.

E poiché la materia lo ricerca, non voglio lasciare indrieto ricordare a' principi, che hanno preso uno stato di nuovo mediante e' favori intrinseci di quello, che considerino bene qual cagione abbi mosso quelli che lo hanno favorito, a favorirlo; e, se ella non è affezione naturale verso di loro, ma fussi solo perché quelli non si contentavano di quello stato, con fatica e difficultà grande se li potrà mantenere amici, perché e' fia impossibile che lui possa contentarli. E discorrendo bene, con quelli esempli che dalle cose antiche e moderne si traggono, la cagione di questo, vedrà esserli molto più facile guadagnarsi amici quelli uomini che dello stato innanzi si contentavono, e però erano sua inimici, che quelli che, per non se ne contentare li diventorono amici e favorironlo a occuparlo.

È suta consuetudine de' principi, per potere tenere più securamente lo stato loro, edificare fortezze, che sieno la briglia e il freno di quelli che disegnassino fare loro contro, et avere uno refugio securo da uno subito impeto. Io laudo questo modo, perché elli è usitato ab antiquo: non di manco messer Niccolò Vitelli, ne' tempi nostri, si è visto disfare dua fortezze in Città di Castello, per tenere quello stato. Guido Ubaldo, duca di Urbino, ritornato nella sua dominazione, donde da Cesare Borgia era suto cacciato, ruinò funditus tutte le fortezze di quella provincia, e iudicò sanza quelle più difficilmente riperdere quello stato. Bentivogli, ritornati in Bologna, usorono simili termini. Sono, dunque, le fortezze utili o no, secondo e' tempi: e se le ti fanno bene in una parte, ti offendano in un'altra. E puossi discorrere questa parte cosí: quel principe che ha più paura de' populi che de' forestieri, debbe fare le fortezze; ma quello che ha più paura de' forestieri che de' populi, debbe lasciarle indrieto. Alla casa Sforzesca ha fatto e farà più guerra el castello di Milano, che vi edificò Francesco Sforza, che alcuno altro disordine di quello stato. Però la migliore fortezza che sia, è non essere odiato dal populo; perché, ancora che tu abbi le fortezze, et il populo ti abbi in odio, le non ti salvono; perché non mancano mai a' populi, preso che li hanno l'armie forestieri che li soccorrino. Ne' tempi nostri non si vede che quelle abbino profittato ad alcuno principe, se non alla contessa di Furlí, quando fu morto el conte Girolamo suo consorte; perché mediante quella possé fuggire l'impeto populare, et aspettare el soccorso da Milano, e recuperare lo stato. E li tempi stavano allora in modo, che il forestiere non posseva soccorrere el populo; ma di poi, valsono ancora a poco lei le fortezze, quando Cesare Borgia l'assaltò, e che il populo suo inimico si coniunse co' forestieri. Per tanto allora e prima sarebbe suto più sicuro a lei non essere odiata dal populo, che avere le fortezze. Considerato, adunque, tutte queste cose, io lauderò chi farà le fortezze e chi non le farà, e biasimerò qualunque, fidandosi delle fortezze, stimerà poco essere odiato da' populi.

Spiegazione del Capitolo XX

Per mantenere il dominio sullo Stato, alcuni principi hanno disarmato i loro sudditi, altri hanno invece diviso le terre, alcuni si sono procurati inimicizie, altri ancora si sono dedicati a guadagnarsi il favore dei nemici; alcuni hanno costruito fortezze, altri le hanno distrutte. Non esiste un modo univoco per valutare tutto questo, ma una cosa si può dire: non è mai successo che un nuovo principe si impegnasse per disarmare i propri sudditi e anzi quando li ha trovati disarmati, li ha sempre armati: quando un principe arma un popolo, quelle armi diventano sue, chi è sospetto diventa fedele, e coloro i quali erano fedeli non cambiano partito, mai da sudditi si fanno partigiani del principe. In più, dal momento che non si possono armare tutti i sudditi, occorre armare i sudditi più meritevoli, e a loro garantire più benefici. Questa disparità di trattamento da un lato porta le persone a lavorare più duramente per apparire meritevoli agli occhi del principe, dall'altra crea una società basata sulla meritocrazia.

Disarmare i cittadini invece significa inimicarseli, giacché in questo modo si dimostra di non avere fede in loro. In questo caso, è più opportuno acquisire una milizia mercenaria, in quanto è bene non trovarsi mai del tutto disarmati.

Quando un Principe acquisisce uno Stato nuovo come annessione ad uno vecchio, deve disarmare tutti in quello Stato, fatta eccezione per chi lo ha aiutato. Col tempo dovrà allontanare i sudditi del nuovo stato dalle armi e arruolare nella milizia solo i suoi propri sudditi.

I principi possono diventare potenti quando superano le difficoltà e le opposizioni fatte contro di loro. Il destino mette sul cammino del Principe una serie di difficoltà, soprattutto quando si tratta di un principe nuovo, perché egli ha maggior bisogno di reputazione rispetto a un principe ereditario: il fato farà incontrare al principe diversi nemici, e gli farà compiere delle imprese contro questi, affinché possa superarle e salire più alto su quella scala che gli hanno costruito proprio i suoi nemici. Perciò molti giudicano che un principe saggio, quando ne ha l'occasione, debba smantellare con astuzia qualche inimicizia, affinché, proprio grazie alla vittoria su di essa, accresca la propria grandezza.

I Principi, e specialmente quelli nuovi, troveranno spesso più fedeltà nei cittadini che erano all'inizio più sospetti. Di questo non si può parlare a lungo perché è un'elemento che varia da caso a caso, ma una cosa può essere detta, e cioè che ogni Principe può portare dalla propria parte con facilità chiunque un tempo gli fu nemico; questo accade perché queste persone, una volta sconfitte, sanno bene di dipendere dall'appoggio e dalla benevolenza del principe.

Machiavelli esorta i Principi che hanno acquisito uno Stato da poco tempo a considerare bene i motivi che hanno convinto i loro alleati a parteggiare per loro: se l'appoggio non è naturale, ma solo dovuto a opportunismo, essi riusciranno a fatica a rendere gli alleati sinceramente amici della causa, poiché l'opportunismo non cala mai. Risulta più facile guadagnarsi il favore dei nemici caduti in sfortuna, piuttosto che degli alleati che non li hanno in simpatia. È stata sempre consuetudine dei Principi edificare fortezze che fungessero da freno contro quelli che tramavano contro di loro; l'autore loda molto questo approccio, perché è stato testato alla prova del tempo, anche se in realtà alcuni principi hanno perso lo stato nonostante l'utilizzo delle fortezze. Le fortezze diventano quindi utili o inutili a seconda dei tempi; se giovano da una parte, possono arrecare danno dall'altra.

Il Principe che ha più timore dei popoli rispetto a quanto ne ha per i forestieri deve edificare fortezze, mentre il principe che ha più timore dei forestieri si concentra sulla difesa dello Stato. La migliore fortezza che un principe possa edificare rimane comunque il non essere odiato dal popolo, perché, quando il popolo odia il principe, questo cadrà indipendentemente dal sistema di fortezze di cui dispone. Ciò accade perché non mancano mai ai popoli, una volta che sono stati disarmati, stranieri che simpatizzino per la loro causa o abbiano interessi nell'aiutarli. Per tutti questi motivi, Machiavelli loda allo stesso modo chi edifica le fortezze e chi non lo fa, ma biasima tutti quelli che ripongono troppa fiducia in queste.

Capitolo XXI
Che cosa deve fare un principe per essere stimato

Nessuna cosa fa tanto stimare uno principe, quanto fanno le grandi imprese e dare di sé rari esempli. Noi abbiamo ne' nostri tempi Ferrando di Aragonia, presente re di Spagna. Costui si può chiamare quasi principe nuovo, perché, d'uno re debole, è diventato per fama e per gloria el primo re de' Cristiani; e, se considerrete le azioni sua, le troverrete tutte grandissime e qualcuna estraordinaria. Lui nel principio del suo regno assaltò la Granata; e quella impresa fu il fondamento dello stato suo. Prima, e' la fece ozioso, e sanza sospetto di essere impedito: tenne occupati in quella li animi di quelli baroni di Castiglia, li quali, pensando a quella guerra, non pensavano a innovare; e lui acquistava in quel mezzo reputazione et imperio sopra di loro, che non se ne accorgevano. Possé nutrire con danari della Chiesia e de' populi eserciti, e fare uno fondamento, con quella guerra lunga, alla milizia sua, la quale lo ha di poi onorato. Oltre a questo, per possere intraprendere maggiori imprese, servendosi sempre della relligione, si volse ad una pietosa crudeltà, cacciando e spogliando, el suo regno, de' Marrani; né può essere questo esemplo più miserabile né più raro. Assaltò, sotto questo medesimo mantello, l'Affrica; fece l'impresa di Italia; ha ultimamente assaltato la Francia: e cosí sempre ha fatte et ordite cose grandi, le quali sempre hanno tenuto sospesi et ammirati li animi de' sudditi e occupati nello evento di esse. E sono nate queste sua azioni in modo l'una dall'altra, che non ha dato mai, infra l'una e l'altra, spazio alli uomini di potere quietamente operarli contro.

Giova ancora assai a uno principe dare di sé esempli rari circa governi di dentro, simili a quelli che si narrano di messer Bernabò da Milano, quando si ha l'occasione di qualcuno che operi qualche cosa estraordinaria, o in bene o in male, nella vita civile, e pigliare uno modo, circa premiarlo o punirlo, di che s'abbia a parlare assai. E sopra tutto uno principe si debbe ingegnare dare di sé in ogni sua azione fama di uomo grande e di uomo eccellente.

È ancora stimato uno principe, quando elli è vero amico e vero inimico, cioè quando sanza alcuno respetto si scuopre in favore di alcuno contro ad un altro. Il quale partito fia sempre più utile che stare neutrale: perché, se dua potenti tua vicini vengono alle mani, o sono di qualità che, vincendo uno di quelli, tu abbia a temere del vincitore, o no. In qualunque di questi dua casi, ti sarà sempre più utile lo scoprirti e fare buona guerra; perché nel primo caso, se non ti scuopri, sarai sempre preda di chi vince, con piacere e satisfazione di colui che è stato vinto, e non hai ragione né cosa alcuna che ti defenda né che ti riceva. Perché, chi vince, non vuole amici sospetti e che non lo aiutino nelle avversità; chi perde, non ti riceve, per non avere tu voluto con le arme in mano correre la fortuna sua.

Era passato in Grecia Antioco, messovi dalli Etoli per cacciarne Romani. Mandò Antioco ambasciatori alli Achei, che erano amici de' Romani, a confortarli a stare di mezzo; e da altra parte Romani li persuadevano a pigliare le arme per loro. Venne questa materia a deliberarsi nel concilio delli Achei, dove el legato di Antioco li persuadeva a stare neutrali: a che el legato romano respose: "*Quod autem isti dicunt non interponendi vos bello, nihil magis alienum rebus vestris est; sine gratia, sine dignitate, praemium victoris eritis*".

E sempre interverrà che colui che non è amico ti ricercherà della neutralità, e quello che ti è amico ti richiederà che ti scuopra con le arme. E li principi mal resoluti per fuggire e' presenti periculi, seguono el più delle volte quella via neutrale, e il più delle volte rovinano. Ma, quando el principe si scuopre gagliardamente in favore d'una parte, se colui con chi tu ti aderisci vince, ancora che sia potente e che tu rimanga a sua discrezione, elli ha teco obligo, e vi è contratto l'amore; e li uomini non sono mai sí disonesti, che con tanto esemplo di ingratitudine ti opprimessino. Di poi, le vittorie non sono mai sí stiette, che il vincitore non abbi ad avere qualche respetto, e massime alla giustizia. Ma, se quello con il quale tu ti aderisci perde, tu se' ricevuto da lui; e mentre che può ti aiuta, e diventi compagno d'una fortuna che può resurgere. Nel secondo caso, quando quelli che combattono insieme sono di qualità che tu non abbia a temere, tanto è maggiore prudenzia lo aderirsi; perché tu vai alla ruina d'uno con lo aiuto di chi lo doverrebbe salvare, se fussi savio; e, vincendo, rimane a tua discrezione, et è impossibile, con lo aiuto tuo, che non vinca.

E qui è da notare, che uno principe debbe avvertire di non fare mai compagnia con uno più potente di sé per offendere altri, se non quando la necessità lo stringe, come di sopra si dice; perché, vincendo, rimani suo prigione: e li principi debbono fuggire, quanto possono, lo stare a discrezione di altri. Viniziani si accompagnorono con Francia contro al duca di Milano, e potevono fuggire di non fare quella compagnia; di che ne resultò la ruina loro. Ma, quando non si può fuggirla, come intervenne a' Fiorentini, quando el papa e Spagna andorono con li eserciti ad assaltare la Lombardia, allora si debba el principe aderire per le ragioni sopradette. Né creda mai alcuno stato potere pigliare partiti securi, anzi pensi di avere a prenderli tutti dubii; perché si truova questo nell'ordine delle cose, che mai non si cerca fuggire uno inconveniente che non si incorra in uno altro; ma la prudenzia consiste in sapere conoscere le qualità delli inconvenienti, e pigliare il men tristo per buono.

Debbe ancora uno principe monstrarsi amatore delle virtù, et onorare li eccellenti in una arte. Appresso, debbe animare li sua cittadini di potere quietamente esercitare li esercizii loro, e nella mercanzia e nella agricultura, et in ogni altro esercizio delli uomini, e che quello non tema di ornare le sua possessione per timore che le li sieno tolte, e quell'altro di aprire uno traffico per paura delle taglie; ma debbe preparare premi a chi vuol fare queste cose, et a qualunque pensa, in qualunque modo ampliare la sua città o il suo stato. Debbe, oltre a questo, ne' tempi convenienti dell'anno, tenere occupati e' populi con le feste e spettaculi. E, perché ogni città è divisa in arte o in tribù, debbe tenere conto di quelle università, raunarsi con loro qualche volta, dare di sé esempli di umanità e di munificenzia, tenendo sempre ferma non di manco la maestà della dignità sua, perché questo non vuole mai mancare in cosa alcuna.

Spiegazione del Capitolo XXI

Non c'è nulla in grado di far guadagnare al Principe la stima del popolo quanto le grandi imprese. Ne è un esempio la storia di Ferdinando di Aragona, re di Spagna al tempo di Machiavelli: egli può essere quasi considerato come un principe *nuovo*, perché, da regnante debole qual era, è diventato con il tempo il primo re dei cristiani per fama e per gloria. Agli inizi del suo regno egli assalì il regno di Granada: quell'impresa fu il fondamento del suo Stato, eseguita in un momento di pace interna e senza il timore di essere interrotto dai baroni della Castiglia, i quali, occupati con quella guerra, non avevano sufficiente tempo per pensare di congiurare contro di lui. In questo modo, oltre alle terre, Ferdinando di Aragona acquisì anche una reputazione e un'autorità superiore alla loro, che nel mentre non se ne accorsero nemmeno. Quella campagna gli permise di foraggiare il suo esercito con i denari della Chiesa e della popolazione e di addestrare la milizia che poi gli avrebbe permesso di ottenere tutti gli onori del caso. Avviò poi nuove campagne, e si impegnò anche a cacciare dal regno ebrei e musulmani. Con gli stessi pretesti assalì poi anche l'Africa, avviò le sue imprese in Italia e assalì anche la stessa Francia. Ha sempre progettato ed eseguito grandi progetti, tenendo i sudditi con il fiato sospeso per l'esito delle sue imprese e dando seguito ad ogni impresa con un'altra di modo che gli uomini non avessero mai abbastanza tempo per poter operare contro di lui.

È sempre importante per un Principe poter dare dimostrazioni esemplari, come punire o premiare un privato cittadino che faccia qualche cosa di esemplare; ma la cosa veramente importante per il Principe è in generale riconfermare la sua grandiosità in ogni sua singola azione. Un principe è stimato maggiormente quando non ha paura di esporsi, cioè quando si schiera apertamente dalla parte di uno e contro l'altro, e questo è sempre preferibile all'essere neutrali: se due vicini potenti vengono alle armi e uno ha la possibilità di uscirne vincitore, è possibile che questo rappresenti un pericolo per il Principe. Tuttavia sarà sempre più utile scoprirsi e combattere, in tutti e due i casi. Lo sconfitto non prenderà le parti del Principe in futuro perché egli non si è mobilitato per soccorrerlo, mentre il vincitore non vorrà alcuna amicizia sospetta, non avendo alcuna fiducia in chi non ha preso le sue parti nel conflitto ed è rimasto a guardare. Antioco era passato in Grecia, mandato dagli Etoli per cacciare i Romani; inviò ambasciatori agli Achei, che erano amici dei Romani, per convincerli a restare neutrali, mentre dall'altra parte i Romani li invitavano a prendere le armi e a schierarsi con loro. La decisione fu presa nell'assemblea degli Achei, dove il legato di Antioco li invitava a restare neutrali; all che il legato romano rispose: *"Quanto a ciò che essi dicono di non schierarvi in questa guerra, niente è più lontano dai vostri interessi; e senza gratitudine, senza dignità sarete il premio per il vincitore"* (Tito Livio, *Historiae romanae decades*, XXXV, 49).

Il nemico spererà sempre nella neutralità del principe, mentre l'amico richiederà sempre interventi decisi. Nonostante ciò, la maggior parte dei principi, che non è saggia ma pavida, per fuggire i pericoli il più delle volte persegue la via della neutralità, facendosi così più un danno che un favore. Invece, quando il Principe si decide a prendere le parti di qualcuno, si mette in una buona condizione: se questo vince si troverà in una situazione di debito-obbligo nei confronti del principe e ne nascerà un'alleanza (gli uomini non sono mai tanto disonesti da dimenticare completamente); se perde, accoglierà il principe e, se possibile, anche aiutato, fino a diventare compagno di una fortuna che potrà un giorno risorgere. Nel caso in cui quelli che combattono fra loro non devono essere temuti, è ancora più necessario scoprirsi e prendere le parti di qualcuno, perché chi vince grazie all'aiuto del principe, rimarrà a sua disposizione.

Va evidenziato lo stesso scenario a parti invertite: un Principe deve stare attento a non accompagnarsi con uno più potente di sé contro altri, se non quando sia strettamente necessario, perché, quando il più potente vince, il principe gli rimane a suo modo vincolato.

Un Principe non deve mai pensare inoltre di aver preso la decisione giusta in maniera definitiva, ma deve avere sempre mille dubbi: ogni volta che si tenta di fuggire da un problema, se ne incontra sempre un altro e quindi la prudenza è sempre d'obbligo. Essa consiste nel saper valutare tutte le caratteristiche degli inconvenienti e saper valutare (e scegliere) il male minore.

Prima di concludere, un Principe deve ancora mostrarsi amante delle virtù ed onorare coloro che si dimostrano eccellenti in un'arte. Fatto questo, deve permettere ai propri cittadini di potere esercitare le loro attività professionali nei commerci, come nell'agricoltura, con la più totale tranquillità. Lo stesso deve valere per ogni altra attività umana, in modo che nessuno abbia paura nell'ampliare i propri possedimenti per timore che gli siano tolti o nell'aprire un'attività per paura delle imposte. Il Principe deve incentivare chi vuol dedicarsi a queste attività e chiunque pensi ad accrescere il prestigio della sua città o del suo Stato in qualsiasi modo. Oltre a questo, nei tempi convenienti dell'anno deve tenere occupata la popolazione con feste e spettacoli e, poiché ogni città è divisa in corporazioni o in quartieri, deve tenere conto di questo tipo di associazione di persone, e prendervi parte qualche volta, per dare un'immagine di sé umana e magnanima; deve fare tutto ciò avendo sempre ben presente che la maestà e la dignità della sua figura non devono mai venire meno.

Capitolo XXII
I segretari che i principi hanno al loro fianco

Non è di poca importanzia a uno principe la elezione de' ministri: li quali sono buoni o no, secondo la prudenzia del principe. E la prima coniettura che si fa del cervello d'uno signore, è vedere li uomini che lui ha d'intorno; e quando sono sufficienti e fedeli, sempre si può reputarlo savio, perché ha saputo conoscerli sufficienti e mantenerli fideli. Ma, quando sieno altrimenti, sempre si può fare non buono iudizio di lui; perché el primo errore che fa, lo fa in questa elezione.

Non era alcuno che conoscessi messer Antonio da Venafro per ministro di Pandolfo Petrucci, principe di Siena, che non iudicasse Pandolfo essere valentissimo uomo, avendo quello per suo ministro. E perché sono di tre generazione cervelli, l'uno intende da sé, l'altro discerne quello che altri intende, el terzo non intende né sé né altri, quel primo è eccellentissimo, el secondo eccellente, el terzo inutile, conveniva per tanto di necessità, che, se Pandolfo non era nel primo grado, che fussi nel secondo: perché, ogni volta che uno ha iudicio di conoscere el bene o il male che uno fa e dice, ancora che da sé non abbia invenzione, conosce l'opere triste e le buone del ministro, e quelle esalta e le altre corregge; et il ministro non può sperare di ingannarlo, e mantiensi buono.

Ma come uno principe possa conoscere el ministro, ci è questo modo che non falla mai. Quando tu vedi el ministro pensare più a sé che a te, e che in tutte le azioni vi ricerca dentro l'utile suo, questo tale cosí fatto mai fia buono ministro, mai te ne potrai fidare: perché quello che ha lo stato d'uno in mano, non debbe pensare mai a sé, ma sempre al principe, e non li ricordare mai cosa che non appartenga a lui. E dall'altro canto, el principe, per mantenerlo buono, debba pensare al ministro, onorandolo, facendolo ricco, obligandoselo, participandoli li onori e carichi; acciò che vegga che non può stare sanza lui, e che li assai onori non li faccino desiderare più onori, le assai ricchezze non li faccino desiderare più ricchezze, li assai carichi li faccino temere le mutazioni. Quando dunque, e' ministri e li principi circa ministri sono cosí fatti, possono confidare l'uno dell'altro; e quando altrimenti, il fine sempre fia dannoso o per l'uno o per l'altro.

Spiegazione del Capitolo XXII

Per il principe, l'elezione dei suoi ministri non è un argomento di poco conto e se essi saranno buoni o meno dipenderà dalla prudenza del principe. Per comprendere le capacità di governo di un principe basta vedere quali uomini egli ha posto intorno a sé. Possiamo chiamarlo saggio quando essi sono capaci e fedeli, proprio perché ha saputo riconoscere quelli che sono capaci e poi ha saputo mantenerli fedeli; quando invece questi risultano all'opposto, non si potrà dare un giudizio positivo su di lui, perché la scelta di questi uomini è imputabile a lui soltanto.

Vi sono genericamente tre tipi di personalità al seguito del Principe. Il primo tipo è rappresentato da coloro in grado di ragionare in maniera indipendente ed autosufficiente, il secondo da coloro che sono in grado di giudicare il giudizio degli altri, il terzo non è in grado di intendere né da sé né con l'aiuto di terzi. Il primo è davvero eccellente, il secondo può essere utile, il terzo è inutile. Ogni volta che un principe deve valutare il bene o il male che un ministro fa o dice (anche se questo non è dotato di un'intelligenza originale), deve essere in grado di valutare le opere cattive e le opere buone del ministro, esaltandone le prime e correggendo le seconde.

Come fa un Principe a poter conoscere le qualità di un suo Ministro? C'è un modo infallibile: quando si vede un Ministro pensare più a sé che al principe, ricercando un profitto personale in ogni azione, si può capire che non sarà mai un buon Ministro. Nonostante ciò, il principe per tenere i ministri al proprio fianco deve ricompensarli a sufficienza affinché, da un lato, essi ritengano impossibile esistere senza il Principe e, dall'altro, che gli onori e le ricchezze non facciano loro desiderare nulla di simile da parte di altri. In questo modo gli onori elevati non fanno desiderare altri onori, le ricchezze elevate non fanno desiderare altre ricchezze, gli incarichi importanti fanno temere i possibili cambiamenti. Se queste condizioni si verificano, Principe e Ministro possono avere fiducia l'uno dell'altro; altrimenti sarà sempre dannoso, o per l'uno o per l'altro.

Capitolo XXIII
Come evitare gli adulatori

Non voglio lasciare indrieto uno capo importante et uno errore dal quale e' principi con difficultà si difendano, se non sono prudentissimi, o se non hanno buona elezione. E questi sono li adulatori, delli quali le corti sono piene; perché li uomini si compiacciono tanto nelle cose loro proprie et in modo vi si ingannano, che con difficultà si difendano da questa peste; et a volersene defendere, si porta periculo di non diventare contennendo. Perché non ci è altro modo a guardarsi dalle adulazioni, se non che li uomini intendino che non ti offendino a dirti el vero; ma, quando ciascuno può dirti el vero, ti manca la reverenzia. Per tanto uno principe prudente debbe tenere uno terzo modo, eleggendo nel suo stato uomini savi, e solo a quelli debbe dare libero arbitrio a parlarli la verità, e di quelle cose sole che lui domanda, e non d'altro; ma debbe domandarli d'ogni cosa, e le opinioni loro udire; di poi deliberare da sé, a suo modo; e con questi consigli e con ciascuno di loro portarsi in modo, che ognuno cognosca che quanto più liberamente si parlerà, tanto più li fia accetto: fuora di quelli, non volere udire alcuno, andare drieto alla cosa deliberata, et essere ostinato nelle deliberazioni sua. Chi fa altrimenti, o e' precipita per li adulatori, o si muta spesso per la variazione de' pareri: di che ne nasce la poca estimazione sua.

Io voglio a questo proposito addurre uno esemplo moderno. Pre' Luca, uomo di Massimiliano presente imperatore, parlando di sua maestà disse come non si consigliava con persona, e non faceva mai di alcuna cosa a suo modo: il che nasceva dal tenere contrario termine al sopradetto. Perché l'imperatore è uomo secreto, non comunica li sua disegni con persona, non ne piglia parere: ma, come nel metterli ad effetto si comincino a conoscere e scoprire, li comincino ad essere contradetti da coloro che elli ha d'intorno; e quello, come facile, se ne stoglie. Di qui nasce che quelle cose che fa uno giorno, destrugge l'altro; e che non si intenda mai quello si voglia o disegni fare, e che non si può sopra le sua deliberazioni fondarsi.

Uno principe, per tanto, debbe consigliarsi sempre, ma quando lui vuole, e non quando vuole altri; anzi debbe tòrre animo a ciascuno di consigliarlo d'alcuna cosa, se non gnene domanda; ma lui debbe bene esser largo domandatore, e di poi circa le cose domandate paziente auditore del vero; anzi, intendendo che alcuno per alcuno respetto non gnene dica, turbarsene. E perché molti esistimano che alcuno principe, il quale dà di sé opinione di prudente, sia cosí tenuto non per sua natura, ma per li buoni consigli che lui ha d'intorno, sanza dubio s'inganna. Perché questa è una regola generale che non falla mai: che uno principe, il quale non sia savio per sé stesso, non può essere consigliato bene, se già a sorte non si rimettessi in uno solo che al tutto lo governassi, che fussi uomo prudentissimo. In questo caso, potria bene essere, ma durerebbe poco, perché quello governatore in breve tempo li torrebbe lo stato; ma, consigliandosi con più d'uno, uno principe che non sia savio non arà mai e' consigli uniti, non saprà per sé stesso unirli: de' consiglieri, ciascuno penserà alla proprietà sua; lui non li saprà correggere, né conoscere. E non si possono trovare altrimenti; perché li uomini sempre ti riusciranno tristi, se da una necessità non sono fatti buoni. Però si conclude che li buoni consigli, da qualunque venghino, conviene naschino dalla prudenzia del principe, e non la prudenza del principe da' buoni consigli.

Spiegazione del Capitolo XXIII

Non bisogna lasciare indietro un punto importante, un elemento problematico dal quale i principi, se non sono prudentissimi, si difendono sempre con molta difficoltà: gli adulatori. Le corti ne sono sempre piene e gli uomini si compiacciono così tanto nel venire adulati per meriti reali o presunti che con difficoltà si difendono da questa razza infettiva. In più, a volersene difendere, si corre il rischio di diventare oggetto di disprezzo. Esiste un solo modo per guardarsi dalle adulazioni: il Principe deve far capire agli uomini che non si offenderà se questi diranno il vero, ma deve fare comunque attenzione, perché se chiunque può rivolgersi a lui in modi discutibili, egli perderà il rispetto.

Pertanto un principe prudente deve tenere un terzo atteggiamento: nel suo Stato deve scegliere uomini saggi, e soltanto ad essi deve concedere la libertà di dirgli la verità, e soltanto sugli argomenti su cui egli chiede un parere, mai su altri. Egli può fare domande in merito a ogni cosa e ascoltare attentamente le opinioni, ma dovrà poi decidere da sé e a modo suo. Egli deve comportarsi con ciascuno di questi consiglieri in modo tale che ognuno sappia che quanto più liberamente parlerà, tanto più sarà ben accetto. Al di fuori degli argomenti da lui richiesti, egli deve rifiutarsi di ascoltare qualsiasi opinione e qualsiasi relazione, e, una volta presa una decisione, deve rimanere ostinatamente fedele ad essa. Chi si comporta in modo diverso o si rovina a causa degli adulatori o muta spesso convinzione per il variare dei pareri rovina la propria reputazione.

Pertanto un principe deve chiedere sempre consiglio, ma soltanto quando vuole lui stesso e non quando lo desiderano i suoi collaboratori; anzi deve togliere loro l'abitudine di dar consigli autonomamente, se non li richiede esplicitamente. Tuttavia egli deve essere generoso nel domandare ed essere poi molto paziente ad ascoltare le risposte. Anzi, se si accorge che qualcuno per rispetto verso di lui non è abbondante né esaustivo nelle risposte, deve preoccuparsi e trovare subito un rimedio.

E chi pensa che un principe possa sembrare ed essere molto prudente non a causa delle sue capacità ma grazie ai consigli di chi sta intorno si sbaglia. Ecco una regola generale che non sbaglia mai: un principe che non è naturalmente saggio può essere consigliato positivamente solo per un colpo di fortuna. Questo caso potrebbe essere positivo, ma durerebbe poco, perché quel consigliere in breve tempo gli toglierebbe lo Stato. Affidandosi a più di un consigliere invece, un Principe che non sia saggio non avrà mai i consigli univoci e coerenti e difficilmente ne farà tesoro, poiché ogni consigliere metterà il proprio interesse prima di tutto, frammentando così i consigli in direzioni diverse. La conclusione è questa: i buoni consigli, da chiunque vengano, devono necessariamente venire filtrati dalla prudenza del principe. Non deve mai succedere che la prudenza del principe nasca solo dai buoni consigli.

Capitolo XXIV
Perché i Principi italiani persero i loro Stati

Le cose soprascritte, osservate prudentemente, fanno parere, uno principe nuovo antico, e lo rendono subito più sicuro e più fermo nello stato, che se vi fussi antiquato dentro. Perché uno principe nuovo è molto più osservato nelle sue azioni che uno ereditario; e, quando le sono conosciute virtuose, piglino molto più li uomini e molto più li obligano che il sangue antico. Perché li uomini sono molto più presi dalle cose presenti che dalle passate, e quando nelle presenti truovono il bene, vi si godono e non cercano altro; anzi, piglieranno ogni difesa per lui, quando non manchi nell'altre cose a sé medesimo. E cosí arà duplicata gloria, di avere dato principio a uno principato nuovo, e ornatolo e corroboratolo di buone legge di buone arme, di buoni amici e di buoni esempli; come quello ha duplicata vergogna, che, nato principe, lo ha per sua poca prudenzia perduto.

E, se si considerrà quelli signori che in Italia hanno perduto lo stato a' nostri tempi, come il re di Napoli, duca di Milano et altri, si troverrà in loro, prima, uno comune defetto quanto alle arme, per le cagioni che di sopra si sono discorse; di poi, si vedrà alcuno di loro o che arà avuto inimici e' populi, o, se arà avuto el popolo amico, non si sarà saputo assicurare de' grandi: perché, sanza questi difetti, non si perdono li stati che abbino tanto nervo che possino tenere uno esercito alla campagna. Filippo Macedone, non il padre di Alessandro, ma quello che fu vinto da Tito Quinto, aveva non molto stato, respetto alla grandezza de' Romani e di Grecia che lo assaltò: non di manco, per esser uomo militare e che sapeva intrattenere el populo et assicurarsi de' grandi, sostenne più anni la guerra contro a quelli: e, se alla fine perdé il dominio di qualche città, li rimase non di manco el regno.

Per tanto, questi nostri principi, che erano stati molti anni nel principato loro, per averlo di poi perso non accusino la fortuna, ma la ignavia loro: perché, non avendo mai ne' tempi quieti pensato che possono mutarsi, (il che è comune defetto delli uomini, non fare conto nella bonaccia della tempesta), quando poi vennono i tempi avversi, pensorono a fuggirsi e non a defendersi; e sperorono ch'e' populi, infastiditi dalla insolenzia de' vincitori, li richiamassino. Il quale partito, quando mancano li altri, è buono; ma è bene male avere lasciati li altri remedii per quello: perché non si vorrebbe mai cadere, per credere di trovare chi ti ricolga. Il che, o non avviene, o, s'elli avviene non è con tua sicurtà, per essere quella difesa suta vile e non dependere da te. E quelle difese solamente sono buone, sono certe, sono durabili, che dependono da te proprio e dalla virtù tua.

Spiegazione del Capitolo XXIV

Le cose discusse fino ad ora, se osservate prudentemente, saranno in grado di far apparire un Principe nuovo come un principe che sta saldo al suo posto da parecchio tempo, rendendo subito più sicuro sia lui che lo Stato, come se fosse consolidato da tempo immemore. Un Principe nuovo è osservato nelle sue azioni molto più che un principe ereditario e, quando esse sono riconosciute virtuose, attraggono e sottomettono molto più gli uomini rispetto a quello che può fare un'antica discendenza. Gli uomini sono molto più presi dalle cose presenti che dalle passate e, quando nelle presenti trovano il bene, se lo godono e non cercano altro. Anzi prenderanno ogni difesa per il principe, rendendo doppia la sua gloria: egli avrà infatti dato vita a un nuovo principato e lo avrà ornato e strutturato di buone leggi, di buoni eserciti, di buoni amici e di buoni esempi. Allo stesso modo, questo processo duplica la vergogna di chi nasce principe e poi perde lo Stato per la sua poca prudenza.

Chi considera i signori che in Italia hanno perduto lo Stato ai tempi di Machiavelli, come il re di Napoli (Federico d'Aragona, sconfitto da Luigi XII, re di Francia, e da Ferdinando il Cattolico, re di Spagna), il duca di Milano (Ludovico il Moro, sconfitto da Luigi XII re di Francia) e altri, riscontrerà che essi avevano, in primo luogo, un difetto comune nell'organizzazione militare, per le cause che si sono discusse sopra, e in secondo luogo vedrà che qualcuno di loro o si era inimicato i propri popoli o, nel caso di popolo amico, non si è saputo assicurare i potenti. Senza questi difetti non si possono perdere degli Stati con così tanto carattere da poter mettere in campo un esercito per una campagna militare. Filippo il Macedone, non il padre di Alessandro, ma quello che fu vinto da Tito Quinto (a Cinoscefale, in Grecia nel 197 a.c.), non aveva molto Stato, rispetto alla grandezza dei Romani e dei Greci che lo assalirono. Tuttavia, poiché era un militare, sapeva intrattenere il popolo e avere l'appoggio dei potenti, e questo gli permise di sostenere per più anni la guerra contro Greci e Romani: perse il dominio su qualche città, ma non perse il regno.

A questo punto, se i principi perdono uno Stato nonostante fossero anni che lo governavano, non devono accusare la sfortuna, ma solo la propria ignavia. Nei tempi di pace, non hanno mai pensato che ci potessero essere dei cambiamenti (è un difetto comune degli uomini, quello di non pensare alla tempesta quando splende il sole). Poi, quando sono arrivati i tempi avversi, hanno pensato più a fuggire che a difendersi, sperando che i popoli, infastiditi dall'insolenza dei vincitori, li richiamassero. Questa decisione è accettabile solo quando mancano altre prospettive. Tuttavia è veramente deleterio dimenticarsi delle altre soluzioni: non ci si deve mai abbandonare al lusso e cadere sperando di trovare chi poi ci raccolga. Ciò o non avviene mai, o, se avviene, non lascia molte garanzie, poiché la propria forza è gia stata vinta e poiché la salvezza è dipesa da altri. Le uniche difese buone, certe e durevoli nel tempo sono quelle che dipendono esclusivamente da noi stessi e dalla nostra virtù.

Calcografia in Iconografia italiana degli uomini e delle donne celebri: Ludovico il Moro, di Antonio Locatelli, 1837.
Durante il governo di Ludovico il Moro Milano conobbe il pieno Rinascimento e la sua corte divenne una delle più splendide d'Europa. Patrono di Leonardo da Vinci e di altri artisti di rilievo della sua epoca, commissionò a Leonardo l'Ultima Cena.

Capitolo XXV
Quanto può la fortuna nelle azioni umane e in che modo debba essere affrontata

E' non mi è incognito come molti hanno avuto et hanno opinione che le cose del mondo sieno in modo governate dalla fortuna e da Dio, che li uomini con la prudenzia loro non possino correggerle, anzi non vi abbino remedio alcuno; e per questo, potrebbono iudicare che non fussi da insudare molto nelle cose, ma lasciarsi governare alla sorte. Questa opinione è suta più creduta ne' nostri tempi, per la variazione grande delle cose che si sono viste e veggonsi ogni dí, fuora d'ogni umana coniettura. A che pensando io qualche volta, mi sono in qualche parte inclinato nella opinione loro. Non di manco, perché el nostro libero arbitrio non sia spento, iudico potere essere vero che la fortuna sia arbitra della metà delle azioni nostre, ma che etiam lei ne lasci governare l'altra metà, o presso, a noi. Et assomiglio quella a uno di questi fiumi rovinosi, che, quando s'adirano, allagano e' piani, ruinano li arberi e li edifizii, lievono da questa parte terreno, pongono da quell'altra: ciascuno fugge loro dinanzi, ognuno cede allo impeto loro, sanza potervi in alcuna parte obstare. E, benché sieno cosí fatti, non resta però che li uomini, quando sono tempi quieti, non vi potessino fare provvedimenti, e con ripari et argini, in modo che, crescendo poi, o andrebbono per uno canale, o l'impeto loro non sarebbe né si licenzioso né si dannoso. Similmente interviene della fortuna: la quale dimonstra la sua potenzia dove non è ordinata virtù a resisterle, e quivi volta li sua impeti, dove la sa che non sono fatti li argini e li ripari a tenerla. E se voi considerrete l'Italia, che è la sedia di queste variazioni e quella che ha dato loro el moto, vedrete essere una campagna sanza argini e sanza alcuno riparo: ché, s'ella fussi reparata da conveniente virtù, come la Magna, la Spagna e la Francia, o questa piena non arebbe fatte le variazioni grandi che ha, o la non ci sarebbe venuta. E questo voglio basti avere detto quanto allo avere detto allo opporsi alla fortuna, in universali.

Ma, restringendomi più a' particulari, dico come si vede oggi questo principe felicitare, e domani ruinare, sanza averli veduto mutare natura o qualità alcuna: il che credo che nasca, prima, dalle cagioni che si sono lungamente per lo adrieto discorse, cioè che quel principe che s'appoggia tutto in sulla fortuna, rovina, come quella varia. Credo, ancora, che sia felice quello che riscontra el modo del procedere suo con le qualità de' tempi; e similmente sia infelice quello che con il procedere suo si discordano e' tempi. Perché si vede li uomini, nelle cose che li 'nducano al fine, quale ciascuno ha innanzi, cioè glorie e ricchezze, procedervi variamente: l'uno con respetto, l'altro con impeto; l'uno per violenzia, l'altro con arte; l'uno per pazienzia, l'altro con il suo contrario: e ciascuno con questi diversi modi vi può pervenire. Vedesi ancora dua respettivi, l'uno pervenire al suo disegno, l'altro no; e similmente dua egualmente felicitare con dua diversi studii, sendo l'uno respettivo e l'altro impetuoso: il che non nasce da altro, se non dalla qualità de' tempi, che si conformano o no col procedere loro. Di qui nasce quello ho detto, che dua, diversamente operando, sortiscano el medesimo effetto; e dua egualmente operando, l'uno si conduce al suo fine, e l'altro no. Da questo ancora depende la variazione del bene: perché, se uno che si governa con respetti e pazienzia, e' tempi e le cose girono in modo che il governo suo sia buono, e' viene felicitando; ma, se e' tempi e le cose si mutano, rovina, perché non muta modo di procedere. Né si truova uomo sí prudente che si sappi accomodare a questo; sí perché non si può deviare da quello a che la natura l'inclina; sí etiam perché, avendo sempre uno prosperato camminando per una via, non si può persuadere partirsi da quella. E però lo uomo respettivo, quando elli è tempo di venire allo impeto, non lo sa fare; donde rovina: ché, se si mutassi di natura con li tempi e con le cose, non si muterebbe fortuna.

Papa Iulio II procedé in ogni sua cosa impetuosamente; e trovò tanto e' tempi e le cose conforme a quello suo modo di procedere, che sempre sortí felice fine. Considerate la prima impresa che fe' di Bologna, vivendo ancora messer Giovanni Bentivogli. Viniziani non se ne contentavono; el re di Spagna, quel medesimo; con Francia aveva ragionamenti di tale impresa; e non di manco, con la sua ferocia et impeto, si mosse personalmente a quella espedizione. La quale mossa fece stare sospesi e fermi Spagna e Viniziani, quelli per paura, e quell'altro per il desiderio aveva di recuperare tutto el regno di Napoli; e dall'altro canto si tirò drieto el re di Francia, perché, vedutolo quel re mosso, e desiderando farselo amico per abbassare Viniziani, iudicò non poterli negare le sua gente sanza iniuriarlo manifestamente. Condusse, adunque, Iulio, con la sua mossa impetuosa, quello che mai altro pontefice, con tutta la umana prudenza, arebbe condotto; perché, se elli aspettava di partirsi da Roma con le conclusione ferme e tutte le cose ordinate, come qualunque altro pontefice arebbe fatto, mai li riusciva; perché el re di Francia arebbe avuto mille scuse, e li altri messo mille paure. Io voglio lasciare stare l'altre sue azioni, che tutte sono state simili, e tutte li sono successe bene; e la brevità della vita non li ha lasciato sentire el contrario; perché, se fussino venuti tempi che fussi bisognato procedere con respetti, ne seguiva la sua ruina;

né mai arebbe deviato da quelli modi, a' quali la natura lo inclinava.

Concludo, adunque, che, variando la fortuna, e stando li uomini ne' loro modi ostinati, sono felici mentre concordano insieme, e, come discordano, infelici. Io iudico bene questo, che sia meglio essere impetuoso che respettivo; perché la fortuna è donna, et è necessario, volendola tenere sotto, batterla et urtarla. E si vede che la si lascia più vincere da questi, che da quelli che freddamente procedano. E però sempre, come donna, è amica de' giovani, perché sono meno respettivi, più feroci e con più audacia la comandano.

Spiegazione del Capitolo XXV

Non va ignorato che secondo molti le cose del mondo sono governate dalla fortuna o da Dio, in un modo tale per cui l'intervento degli uomini non sia in grado di modificare il corso degli eventi, e che anzi essi non abbiano proprio alcun potere. Queste persone potrebbero ritenere che non ci si debba impegnare a fondo per modificare la realtà, ma che ci si debba lasciar governare dalla sorte. Questa opinione è stata professata soprattutto nei tempi contemporanei all'autore, a causa dei grandi mutamenti della situazione politica che si sono visti e che si vedevano ogni giorno, spesso oltre ogni capacità umana di previsione – tanto che anche Machiavelli a volte è stato di questa opinione.

Tuttavia, se non si vuole negare il libero arbitrio umano, si può accettare che la fortuna decida della metà delle nostre azioni e che lasci governare a noi l'altra metà, o quasi. Essa può essere paragonata a uno di quei fiumi impetuosi, che, quando si ingrossano e rompono gli argini, allagano la pianura, sradicano gli alberi e distruggono gli edifici, sottraendo terreno all'uomo da una parte, e liberandogli altri appezzamenti dall'altra. Tutti fuggono davanti a questo impeto, senza potervi in alcun modo resistere e, benché questi torrenti siano per natura violenti, nulla impedisce agli uomini, quando i tempi sono tranquilli, di prendere provvedimenti con ripari e con argini, di modo che i fiumi possano avere uno sfogo in un canale, e limitando l'impeto così sfrenato e così dannoso.

La fortuna si comporta in modo simile, e dimostra la sua potenza solo dove non c'è alcuna forza impegnata consapevolmente a resisterle. Rivolge il suo impeto proprio lì dove essa sa che non sono stati costruiti argini o ripari per contenerla. E se si considera l'Italia, si può vedere che essa è una campagna senza argini e senza alcun riparo: se essa fosse difesa da un'adeguata forza militare, come avviene in Germania, in Spagna e in Francia, le invasioni straniere non avrebbero provocato i grandi mutamenti che ci sono stati, oppure non ci sarebbero nemmeno state.

Sul tema della possibilità di opporsi alla fortuna in generale basta aver detto questo. Tuttavia, focalizzandosi sui casi particolari, si vede un principe ottenere buoni risultati oggi e rovinare domani, senza che egli abbia mutato natura o qualità alcuna. Ciò dipende in primo luogo dalle cause che si sono lungamente discusse più sopra: ogni principe che si affida completamente alla fortuna è destinato a cadere in rovina, non appena la fortuna gli volta le spalle. Il principe che invece adatta il suo modo di procedere alle caratteristiche dei tempi ottiene ottimi risultati, e specularmente, chi non adatta il suo modo di procedere ai tempi non può ottenere buoni risultati.

Gli uomini, nelle azioni che li conducono al fine che si sono prefissi, cioè gloria e ricchezze, procedono in modi diversi: l'uno con cautela, l'altro con impeto; l'uno con violenza, l'altro con arte; l'uno con pazienza, l'altro con impazienza. E chiunque può raggiungere gloria e ricchezze con queste differenti modalità. Così però si possono vedere due individui cauti ottenere risultati diversi, oppure due individui che hanno applicato princìpi diversi (uno cauto, l'altro impetuoso) ottenere ugualmente buoni risultati. Ciò dipende semplicemente dalle caratteristiche dei tempi, che si adattano o che non si adattano al modo di agire degli interessati. Da qui si capisce perché due persone, quand'anche operino in modo uguale, abbiano esiti diversi: uno raggiunge il fine, l'altro no.

Anche da questo dipende il variare della fortuna umana, perché se un principe governa con cautela e con pazienza e se i tempi e le cose girano in modo che il suo governo sia buono, allora egli otterrà buoni risultati; ma se i tempi e le cose mutano, egli rovina, a meno che non cambi anche il suo modo di procedere. Ma non si trova un uomo così prudente da sapersi adattare così tanto alla sorte, per due ragioni: da un lato perché non può deviare più di tanto dalla strada indicatagli dalla sua natura, dall'altro perché è difficile far cambiare un approccio quando questo è consolidato nel tempo. Così, l'uomo cauto, quando giunge il tempo di usare l'impeto, non riesce ad utilizzarlo al meglio e cade in rovina, mentre se mutasse natura con il mutare dei tempi e delle cose, manterrebbe la propria fortuna.

Papa Giulio II procedette impetuosamente in ogni sua cosa; e trovò i tempi e le cose conformi a questo suo modo di procedere al punto che ottenne sempre buoni risultati. Si consideri la prima impresa che fece a Bologna, quando era ancora vivo messer Giovanni Bentivogli (signore della città). I Veneziani non approvavano l'impresa e nemmeno l'approvava il re di Spagna, mentre invece per quanto riguarda la Francia egli era ancora in trattativa. Tuttavia con la sua determinazione e con il suo impeto prese parte personalmente a quell'impresa. Questa sua mossa di sorpresa immobilizzò sia i Veneziani, per paura, che gli Spagnoli, a causa della loro volontà rioccupare il regno di Napoli. Inoltre egli si tirò dietro anche il re di Francia, il quale, vedendolo in azione e desiderando farselo amico per abbattere i Veneziani, pensò che negargli l'aiuto senza offenderlo in maniera esplicita fosse impossibile. Perciò Giulio II con la sua azione impetuosa ottenne un risultato che nessun altro pontefice con tutta la sua umana prudenza avrebbe mai ottenuto; perché egli, se aspettava di partire da Roma con gli accordi fatti e con le cose ordinate, come qualunque altro pontefice avrebbe fatto, non avrebbe mai ottenuto quei risultati: il re di Francia avrebbe avuto mille scuse e gli altri gli avrebbero messo mille paure. La brevità della sua carriera papale (10 anni) non gli ha fatto provare il contrario, perché, se fossero giunti tempi che richiedessero cautela, avrebbe certamente conosciuto la sua rovina, perché non si sarebbe mai scostato da quei modi di procedere ai quali era incline per natura.

Poiché la fortuna cambia e gli uomini restano attaccati ostinatamente ai loro modi di procedere, si possono ottenere buoni risultati finché le circostanze sono favorevoli, non si ottengono più quando si verifica il contrario. È meglio quindi essere impetuosi che cauti, perché la fortuna è donna ed è necessario, volendola sottomettere alla propria volontà, batterla e spingerla: essa

156

si lascia vincere più facilmente da chi la sottomette che non da coloro che procedono con la fredda ragione. E sempre in quanto donna, essa è amica dei giovani, i quali sono meno cauti, più risoluti e decisi e in grado di domarla con più audacia.

IVLIVS . II . PAPA . SAVONENSIS . LIGVR .

Giulio II, è stato il 216° papa della Chiesa cattolica dal 1503 alla sua morte. Noto come "il Papa guerriero" o "il Papa terribile", è uno dei più celebri pontefici del Rinascimento, nonché fondatore dei Musei Vaticani.

Capitolo XXVI
Esortazione a liberare l'Italia dalle mani dei barbari

Considerato, adunque, tutte le cose di sopra discorse, e pensando meco medesimo se, in Italia al presente, correvano tempi da onorare uno nuovo principe, e se ci era materia che dessi occasione a uno prudente e virtuoso di introdurvi forma che facessi onore a lui e bene alla università delli uomini di quella, mi pare corrino tante cose in benefizio d'uno principe nuovo, che io non so qual mai tempo fussi più atto a questo. E se, come io dissi, era necessario, volendo vedere la virtù di Moisè, che il populo d'Isdrael fussi stiavo in Egitto, et a conoscere la grandezza dello animo di Ciro, ch'e' Persi fussino oppressati da' Medi e la eccellenzia di Teseo, che li Ateniensi fussino dispersi; cosí al presente, volendo conoscere la virtù d'uno spirito italiano, era necessario che la Italia si riducessi nel termine che ell'è di presente, e che la fussi più stiava che li Ebrei, più serva ch'e' Persi, più dispersa che li Ateniensi, sanza capo, sanza ordine; battuta, spogliata, lacera, corsa, et avessi sopportato d'ogni sorte ruina. E benché fino a qui si sia mostro qualche spiraculo in qualcuno, da potere iudicare che fussi ordinato da Dio per sua redenzione, tamen si è visto da poi come, nel più alto corso delle azioni sua, è stato dalla fortuna reprobato. In modo che, rimasa sanza vita, espetta qual possa esser quello che sani le sue ferite, e ponga fine a' sacchi di Lombardia, alle taglie del Reame e di Toscana, e la guarisca di quelle sue piaghe già per lungo tempo infistolite. Vedesi come la prega Dio, che le mandi qualcuno che la redima da queste crudeltà et insolenzie barbare. Vedesi ancora tutta pronta e disposta a seguire una bandiera, pur che ci sia uno che la pigli. Né ci si vede, al presente in quale lei possa più sperare che nella illustre casa vostra, quale con la sua fortuna e virtù, favorita da Dio e dalla Chiesia, della quale è ora principe, possa farsi capo di questa redenzione. Il che non fia molto difficile, se vi recherete innanzi le azioni e vita dei soprannominati. E benché quelli uomini sieno rari e maravigliosi, non di manco furono uomini, et ebbe ciascuno di loro minore occasione che la presente: perché l'impresa loro non fu più iusta di questa, né più facile, né fu a loro Dio più amico che a voi. Qui è iustizia grande: "iustum enim est bellum quibus necessarium, et pia arma ubi nulla nisi in armis spes est". Qui è disposizione grandissima; né può essere, dove è grande disposizione, grande difficultà, pur che quella pigli delli ordini di coloro che io ho proposti per mira. Oltre a questo, qui si veggano estraordinarii sanza esempio condotti da Dio: el mare s'è aperto; una nube vi ha scòrto el cammino; la pietra ha versato acqua; qui è piovuto la manna; ogni cosa è concorsa nella vostra grandezza. El rimanente dovete fare voi. Dio non vuole fare ogni cosa, per non ci tòrre el libero arbitrio e parte di quella gloria che tocca a noi.

E non è maraviglia se alcuno de' prenominati Italiani non ha possuto fare quello che si può sperare facci la illustre casa vostra, e se, in tante revoluzioni di Italia e in tanti maneggi di guerra, e' pare sempre che in quella la virtù militare sia spenta. Questo nasce, che li ordini antichi di essa non erano buoni e non ci è suto alcuno che abbi saputo trovare de' nuovi: e veruna cosa fa tanto onore a uno uomo che di nuovo surga, quanto fa le nuove legge e li nuovi ordini trovati da lui. Queste cose, quando sono bene fondate e abbino in loro grandezza, lo fanno reverendo e mirabile: et in Italia non manca materia da introdurvi ogni forma. Qui è virtù grande nelle membra, quando non la mancassi ne' capi. Specchiatevi ne' duelli e ne' congressi de' pochi, quanto li Italiani sieno superiori con le forze, con la destrezza, con lo ingegno. Ma, come si viene alli eserciti, non compariscono. E tutto procede dalla debolezza de' capi; perché quelli che sanno non sono obediti, et a ciascuno pare di sapere, non ci sendo fino a qui alcuno che si sia saputo rilevare, e per virtù e per fortuna, che li altri cedino. Di qui nasce che, in tanto tempo, in tante guerre fatte ne' passati venti anni, quando elli è stato uno esercito tutto italiano, sempre ha fatto mala pruova. Di che è testimone prima el Taro, di poi Alessandria, Capua, Genova, Vailà, Bologna, Mestri.

Volendo dunque la illustre casa vostra seguitare quelli eccellenti uomini che redimirno le provincie loro, è necessario, innanzi a tutte le altre cose, come vero fondamento d'ogni impresa, provvedersi d'arme proprie; perché non si può avere né più fidi, né più veri, né migliori soldati. E, benché ciascuno di essi sia buono, tutti insieme diventeranno migliori, quando si vedranno comandare dal loro principe e da quello onorare et intrattenere. È necessario, per tanto, prepararsi a queste arme, per potere con la virtù italica defendersi dalli esterni. E, benché la fanteria svizzera e spagnola sia esistimata terribile, non di meno in ambo dua è difetto, per il quale uno ordine terzo potrebbe non solamente opporsi loro ma confidare di superarli. Perché li Spagnoli non possono sostenere e' cavalli, e li Svizzeri hanno ad avere paura de' fanti, quando li riscontrino nel combattere ostinati come loro. Donde si è veduto e vedrassi per esperienzia, li Spagnoli non potere sostenere una cavalleria franzese, e li Svizzeri essere rovinati da una fanteria spagnola. E, benché di questo ultimo non se ne sia visto intera esperienzia, tamen se ne è veduto uno saggio nella giornata di Ravenna, quando le fanterie spagnole si affrontorono con le battaglie todesche le quali servono el medesimo ordine che le svizzere: dove li Spagnoli, con la agilità del corpo et aiuto de' loro brocchieri, erano intrati, tra le picche loro sotto, e stavano securi ad offenderli sanza che Todeschi vi avessino remedio; e, se non fussi la cavalleria che li urtò, li arebbano consumati tutti. Puossi, adunque, conosciuto el defetto dell'una e dell'altra di queste fanterie, ordinarne una di nuovo, la quale resista a' cavalli e non abbia paura de' fanti: il che farà la generazione delle armi e la variazione delli ordini. E queste sono di quelle cose che, di nuovo ordinate, dànno reputazione e grandezza a uno principe nuovo.

Non si debba, adunque, lasciare passare questa occasione, acciò che l'Italia, dopo tanto tempo, vegga uno suo redentore. Né posso esprimere con quale amore e' fussi ricevuto in tutte quelle provincie che hanno patito per queste illuvioni esterne; con che sete di vendetta, con che ostinata fede, con che pietà, con che lacrime. Quali porte se li serrerebbano? quali populi li negherebbano la obedienza? quale invidia se li opporrebbe? quale Italiano li negherebbe l'ossequio? A ognuno puzza questo barbaro dominio. Pigli, adunque, la illustre casa vostra questo assunto con quello animo e con quella speranza che si pigliano le imprese iuste; acciò che, sotto la sua insegna, e questa patria ne sia nobilitata, e, sotto li sua auspizi, si verifichi quel detto del Petrarca:

Virtù contro a furore
Prenderà l'arme, e fia el combatter corto;
Ché l'antico valore
Nell'italici cor non è ancor morto.

Spiegazione del Capitolo XXVI

Considerando tutto quanto scritto sopra, Machiavelli si chiede se i tempi siano maturi per dare il benvenuto ad un unico grande Principe che faccia onore e bene all'Italia: la risposta è positiva, e anzi i tempi non sono mai stati così buoni per un nuovo Principe italiano. Come detto, per vedere il valore di Mosè era necessario che il popolo ebraico fosse ridotto in schiavitù in Egitto; allo stesso modo, per conoscere la grandezza d'animo di Ciro fu necessario che i persiani fossero oppressi dai medi; e ancora, per conoscere le grandi capacità di Teseo fu necessario che gli ateniesi fossero disorientati ed incerti; così, per conoscere il valore di un personaggio italiano, era necessario che l'Italia si riducesse nella situazione in cui è nel momento in cui Machiavelli scrive. Era necessario che fosse più schiava degli ebrei, più serva dei persiani, più disorientata ed incerta degli ateniesi; era necessario che fosse senza capo, in preda al caos, sconfitta, saccheggiata, lacerata, percorsa da eserciti nemici e che avesse subìto ogni specie di distruzione.

E, benché finora si sia potuto vedere qualche indizio in qualcuno (Machiavelli pensa a Cesare Borgia, detto il Valentino), tale da far pensare che fosse stato mandato da Dio a salvare l'Italia, si è anche visto in seguito che nel momento decisivo delle sue imprese questo personaggio è stato abbandonato dalla fortuna. Perciò l'Italia, come se fosse rimasta senza vita, aspetta chi sani le sue ferite, ponga fine ai saccheggi che hanno devastato la Lombardia e ai tributi che devono pagare il Regno di Napoli e la Toscana, e la guarisca da quelle piaghe che ormai da tempo sono aperte. Si vede come essa prega Dio affinché le mandi qualcuno che la liberi dalle atrocità e dalle violenze commesse da potenze straniere. Si può inoltre notare che essa è tutta pronta a seguire una bandiera, purché ci sia qualcuno che la innalzi e si faccia seguire. Né nel presente si vede qualcun altro, in cui l'Italia possa sperare, se non l'illustre casato di Lorenzino de' Medici, che è invocato: il casato è infatti baciato dalla fortuna e dotato di valore, ha il favore di Dio e della Chiesa alla quale ha dato ora anche un Papa (Giovanni de' Medici, divenuto papa con il nome di Leone X nel 1513), e per tutti questi motivi può guidare la liberazione dallo straniero. Ciò non sarà molto difficile, se Lorenzino avrà come modello le azioni e la vita dei grandi liberatori citati poco sopra. E, benché quegli uomini siano rari e straordinari, tuttavia furono uomini, e ciascuno di loro ebbe un'occasione meno favorevole di questa occasione presente. La loro impresa non fu più giusta di questa, né più facile, né Dio fu con loro più favorevole. Qui sta la giustizia più grande: "*È giusta la guerra per chi è necessaria, e le armi sono sante dove non c'è alcuna speranza se non nelle armi*" (Tito Livio, *Storie*, IX, 1). Il popolo italiano è disposto come mai prima a prendere le armi contro gli stranieri e, dove c'è grandissima disponibilità, non può esserci grande difficoltà a farsi seguire, purché la casa dei Medici prenda esempio da coloro appena proposti come modelli. Dio non vuole fare ogni cosa, per non toglierci il libero arbitrio e parte di quella gloria che tocca a noi mortali.

Non c'è da meravigliarsi se gli italiani sopracitati (Francesco Sforza e Cesare Borgia) non hanno potuto fare quello che si può sperare che faccia l'illustre casa dei Medici, o se in tante rivoluzioni e manovre belliche avvenute in Italia la virtù militare è risultata fievole. Il modo in cui si sono organizzate queste cose in passato non fu all'altezza della situazione e nessuno fu un grado di trovare un approccio nuovo. Nessuna cosa fa tanto onore a un uomo che sorge dal nulla quanto instaurare le nuove leggi e i nuovi ordinamenti politici: queste cose, quando hanno fondamenta solide e aspirazioni grandi, lo renderanno ammirevole agli occhi degli altri. In Italia non manca certo la materia prima: gli Italiani sono sempre superiori in quanto a scienza, destrezza e ingegno, ma, una volta venuti alle armi, spesso soccombono. Questo dipende dalla debolezza dei capi: chi ha competenza non ha un esercito che risponda ai suoi ordini, mentre nella maggioranza incompetente tutti pensano di sapere, ma non vi è una singola personalità che spicchi sugli altri. Finora non c'è stato nessuno che sia riuscito a emergere sugli altri grazie alle proprie virtù e al favore del fato e ne è testimone il fatto che negli ultimi venti anni (dalla discesa di Carlo VIII in Italia nel 1494) ogni esercito completamente italiano messo in campo non è mai stato all'altezza della situazione. La riprova sono le sconfitte italiane a Fornovo sul Taro, ad Alessandria, a Capua, a Genova, a Vailà, a Bologna e a Mestre.

Così, se l'illustre casa de Medici vorrà seguire quegli eccellenti uomini che furono capaci di redimere le loro province, come primo vero passo di questa impresa e prima di qualsiasi altra cosa, dovrà dotarsi di un proprio esercito, perché non si può fare affidamento su soldati né più fidi, né più veri, né migliori. E ogni soldato diventerà ancora più valoroso quando si vedrà comandare dal proprio principe e da esso stesso premiare.

È necessario preparare una forza italiana con cui rispondere agli attacchi esterni e benché fanterie come quella svizzera o quella spagnola siano ritenute invincibili, esse hanno un difetto, a causa del quale un certo tipo di esercito potrebbe non solo sperare di opporsi ma anche di poter vincere. Gli Spagnoli non possono sostenere l'attacco della cavalleria, e gli Svizzeri devono avere paura della fanteria, quando si rendono conto che nel combattimento gli avversari sono ostinati quanto loro. Perciò si è visto e si vedrà per esperienza che gli Spagnoli non possono sostenere l'attacco di una cavalleria francese, e gli Svizzeri sono sempre schiacciati dall'attacco di una fanteria spagnola. Nonostante di quest'ultimo caso non ci sia mai stato un esempio reale, se ne è avuto un esempio indiretto nella battaglia di Ravenna, quando le fanterie spagnole si sono scontrate con i battaglioni tedeschi, i quali erano organizzati secondo lo stesso ordine di combattimento dei battaglioni svizzeri. Gli Spagnoli, con l'agilità del corpo e con l'aiuto dei loro brocchieri (piccoli scudi che avevano uno sperone al centro che serviva per la difesa e per l'offesa), si erano fatti largo sotto le picche e colpivano in sicurezza, senza che i tedeschi potessero trovare un rimedio. E, se non fosse intervenuta la cavalleria che li assalì, li avrebbero sterminati tutti. Conosciuto il difetto dell'una e dell'altra di queste fanterie, si può dunque istituire una nuova fanteria, che sia capace di resistere alla cavalleria e che non abbia paura dello scontro con un'altra fanteria. Questo è possibile introducendo nuove armi e un nuovo tipo di schieramento: sono queste sono le innovazioni che danno reputazione e grandezza a un principe nuovo.

Non si deve dunque lasciar passare questa occasione, affinché l'Italia, dopo tanto tempo, veda un suo vero salvatore, né si può esprimere con quale amore egli sarebbe ricevuto in tutte quelle provincie che hanno patito per le invasioni esterne, con che sete di vendetta, con che ostinata fede, con che pietà, con che lacrime gli italiani lo accoglierebbero. Quali porte resterebbero chiuse davanti a lui? Quali popoli gli negherebbero l'obbedienza? Quale italiano gli negherebbe l'ossequio? Questo barbaro dominio è odiato da tutti. Che i Medici facciano dunque proprio questo compito con quell'animo e con quella speranza con cui s'intraprendono le imprese giuste, affinché sotto la sua bandiera questa patria sia nobilitata, e sotto i suoi auspici si avveri quel detto di Petrarca:

"*La virtù degli italiani contro il furore dei barbari prenderà le armi, e il combattimento sarà breve, perché l'antico valore dei romani nel cuore degli italiani non è ancora morto*".

SUBITO IN OMAGGIO PER TE QUESTO AUDIO-BOOK:

Grazie per aver scelto di sostenere la piccola editoria indipendente con l'acquisto del libro che tieni fra le mani: questo gesto per noi significa molto, e vogliamo sdebitarci del tuo supporto facendoti un regalo che siamo sicuri troverai di immenso valore. **Scannerizza il codice a QR code qui a fianco** → → → → → → → → → → e completa la procedura per ottenere il tuo **audiobook integrale** di *Stupido Marketing: principi di monetizzazione strategica*… gratis, al posto di €24,90!

AUDIO LIBRO GRATIS!

Made in the USA
Monee, IL
11 December 2023

48831025R00096